AI 프로메테우스

AI
프로메테우스

:미래가 현실이 된 지금 우리는?

장우경 지음

매일경제신문사

인간이란 무엇인가?
: AI 시대가 던지는 가장 오래된 질문

2026년, 우리가 목격하고 있는 것들

지금 이 순간에도 챗GPT는 수백만 명과 동시에 대화하고 있습니다. 휴머노이드 로봇들이 공장에서 인간과 함께 일하며, 자율주행차가 도로를 달리고, AI가 새로운 약물을 설계하죠. 불과 2년 전만 해도 상상 속에 머물렀던 일들이 일상이 되었습니다.

그런데 정말 놀라운 건 기술의 발전 속도가 아닙니다. 더 충격적인 것은 이 모든 변화가 우리에게 은밀히 던지고 있는 질문이에요. 기술이 발전할수록 우리는 점점 더 근본적인 문제와 마주하게 됩니다. 바로 우리 자신에 대한 문제 말이죠.

생각해보세요. AI가 인간의 언어를 완벽하게 구사하고, 로봇이 인간의 감정을 읽어내며, 알고리즘이 인간보다 더 정확한 예측을 할 때, 우리는 자연스럽게 이 질문 앞에 멈춰 서게 됩니다. "그렇다면 인간만의 특별함은 무엇일까?"

가장 오래된 질문이 가장 어려운 질문

"인간이란 무엇인가?"

이 질문은 참으로 오래된 것입니다. 소크라테스가 아테네 거리에서 시민들을 붙잡고 던졌던 질문이고, 데카르트가 벽난로 앞에서 홀로 고민했던 문제이며, 칸트가 쾨니히스베르크 거리를 산책하며 사색했던 주제이기도 하죠. 그런데 2026년 지금, 이 고전적인 질문이 갑자기 긴급한 현실 문제가 되었습니다. 왜 그럴까요?

답은 간단합니다. AI가 인간의 고유 영역이라고 여겨졌던 것들을 하나씩 침범하고 있기 때문이에요. AI가 인간보다 더 창의적인 시를 쓰고, 로봇이 인간보다 더 정확한 수술을 하며, 알고리즘이 인간보다 더 공정한 판단을 내릴 때, 우리는 자연스럽게 묻게 됩니다. "그렇다면 인간만의 고유한 영역은 무엇인가?"

이 질문은 단순한 궁금증이 아닙니다. 우리의 정체성과 존재 의미에 관한 근본적인 물음이죠. 철학자들이 수천 년 동안 고민해온 이 문제가, 이제 우리 모두가 일상에서 마주해야 할 현실적 과제가 된 겁니다.

테크 리더들이 SF를 그토록 사랑하는 이유

많은 사람들이 궁금해하죠. 왜 세계적인 테크 리더들이 SF 소설에 그토록 매료되는 걸까요?

테슬라의 일론 머스크가 아이작 아시모프의《파운데이션》을 수십 번 읽고, 메타의 마크 저커버그가《스노 크래시》에서 메타버스 아이디어를 얻으며, 구글의 래리 페이지가《2001: 스페이스 오디세이》의 HAL 9000에서 AI의 미래를 본 것은 결코 우연이 아닙니다.

이들이 SF에서 찾은 것은 단순한 기술 미래상이 아니었어요. 그보다 훨씬 중요한 것을 발견했죠. 바로 "만약 이런 기술이 실현된다면 인간은 어떻게 될 것인가?"라는 사고실험의 기회였습니다.

SF 작가들은 과학자가 아닙니다. 하지만 그들은 뛰어난 철학자들이에요. 미래 기술이 가져올 변화를 상상하는 것을 넘어서, 그 기술이 인간과 사회에 미칠 근본적 영향을 세세하게 탐구하거든요. 테크 리더들이 SF에서 본 것은 기술이 아니라 가능성에 대한 질문이었습니다.

생각해보세요. 기술을 개발하는 것과 그 기술이 인류에게 미칠 영향을 성찰하는 것은 전혀 다른 차원의 문제입니다. 전자는 '어떻게'의 문제이고, 후자는 '왜', '무엇을 위해'의 문제이죠. SF는 바로 이 두 번째 질문을 다루는 철학적 장르입니다.

영화관에서 현실로 온 철학 실험실

SF 영화를 보면서 우리는 종종 화려한 영상, 흥미진진한 스토리에만 집중하게 됩니다. 하지만 사실 SF 영화들은 철학자들의 사고실험을 스크린에 구체적으로 구현한 것들이에요.

플라톤이 2천 년 전에 제시한 동굴 비유는 〈매트릭스〉가 되었고, 데카르트의 악마 가설은 〈토탈 리콜〉이 되었으며, 튜링의 모방 게임은 〈블레이드 러너〉가 되었습니다. 이런 영화들이 제기하는 철학적 질문들이 이제 더 이상 영화관에서만 던져지는 추상적 사변에 머물지 않습니다.

2026년 현재, 우리는 매일 이런 질문들과 마주해요. 내가 AI 챗봇과 나누는 대화에서 느끼는 공감은 '진짜'일까요? 상대방이 기계라는 걸 알면서도 위로받는 이 감정은 무엇일까요? 알고리즘이 추천해주는 콘텐츠들이 만드는 나의 '취향'은 정말 나의 것일까요? 내가 좋아한다고 생각하는 것들이 사실은 알고리즘이 학습한 패턴의 결과라면, 진정한 '나다움'은 어디에 있는 걸까요?

이런 질문들은 철학자들만의 전유물이 아닙니다. 2026년 스마트폰을 사용하는 보통 사람이 마주하는 현실적 문제들이죠.

그런데 더욱 놀라운 것은 SF 영화 속 기술들이 실제로 현실에서 구현되고 있다는 사실입니다. 〈로보캅〉의 사이보그 기술은 뉴럴링크의 뇌-컴퓨터 인터페이스로, 〈아이언맨〉의 수트는 보스턴 다이나믹스의 휴머노이드 로봇으로, 〈매트릭스〉의 가상현실은 메타의 메타버스로 현실화되고 있어요. 한때 상상 속에만 존재했던 기술들이 실험실을 벗어나 우리 일상으로 성큼 다가온 겁니다.

이 기술들은 단순한 도구가 아니라 인간 존재의 근본적 조건들을 바꾸고 있습니다. 뇌에 칩을 이식하면 기억력과 인지능력이 향상되지만, 동시에 '나'라는 의식의 경계가 모호해집니다. 휴머노이드 로봇이 인간과 구분하기 어려울 정도로 정교해지면, 감정과 의식의 본질에 대한 질문이 현실적 문제가 되죠. AR과 VR이 일상화되면 현실과 가상의 경계 자체가 흐릿해집니다.

〈공각기동대〉의 전뇌 네트워크는 5G와 6G 인프라 위에서 실시간 뇌-컴퓨터 통신으로, 〈토탈 리콜〉의 기억 조작은 광유전학과 뇌신경 자극 기술로, 〈마이너리티 리포트〉의 예측 시스템은 빅데이터 분석과 머신러닝으로 현실화되고 있습니다. 한국의 삼성과 LG가 개발하는 에이알AR 번역 안경, 구글의 프로젝트 스타라인 Project Starline의 홀로그램 통신, 테슬라의 완전자율주행 시스템까지,

영화 속 미래 기술들이 하나씩 우리 곁으로 걸어나오고 있어요.

특히 주목할 점은 이런 기술들이 더 이상 먼 미래의 이야기가 아니라는 것입니다. 오픈AI의 GPT-4가 의사 자격시험을 통과하고, 구글의 알파폴드AlphaFold가 단백질 구조를 예측하며, 엔비디아NVIDIA의 디지털 트윈 기술이 가상 공장을 현실과 동일하게 시뮬레이션하는 지금, 영화 속 SF는 이미 현재진행형 현실이 되었어요.

이 책에서 다루는 9개의 미래코드들은 바로 이런 기술 변화가 인간과 사회에 던지는 근본적 질문들을 탐구합니다. 영화 속 상상이 현실 기술로 구현되면서, 우리는 기술적 가능성과 함께 그것이 가져올 철학적·윤리적 딜레마들을 동시에 마주하게 된 것입니다.

A부터 I까지, 9개의 미래코드

이 책은 AI 시대가 인간에게 던지는 9개의 거대한 질문을 A부터 I까지의 SF 영화를 통해 탐구합니다. 각각의 코드는 하나의 사고실험이자, 우리의 인식 지평을 확장하는 철학적 여행이에요.

◆ **Augmentation & Authenticity (증강과 정체성)**

〈로보캅〉, 〈아이언맨〉, 〈업그레이드〉를 통해 묻습니다. 몸의 일부를 기계로 대체했을 때, 언제까지 우리는 '인간'일 수 있을까요? 뉴럴링크의 뇌-컴퓨터 인터페이스가 현실화되는 지금, 이 질문은 더 이상 영화 속 이야기가 아닙니다.

✦ Boundless & Becoming (경계 없음과 생성)

〈바이센테니얼 맨〉, 〈A.I.〉에서 200년간 인간이 되고 싶었던 로봇 앤드류의 여정을 따라갑니다. 테슬라의 옵티머스 로봇이 공장에서 인간과 협업하고 인간과 구분하기 어려운 대화를 나누는 지금, 인간으로 인정받기 위한 조건은 무엇일까요?

✦ Connection & Co-evolution (연결과 공진화)

〈공각기동대〉, 〈아바타〉는 초연결 사회를 보여줍니다. 뇌가 네트워크에 직접 연결된 세계에서 '나'의 정체성은 어디까지일까요? 250억 개 사물인터넷 기기가 연결되는 시대, 개인의 경계는 어떻게 재정의될까요?

✦ Data & Digital Reality (데이터와 실재)

〈매트릭스〉, 〈토탈 리콜〉, 〈마이너리티 리포트〉가 묻습니다. 우리는 무엇을 진짜라고 믿는가? 애플 비전 프로와 엔비디아NVIDI의 디지털 트윈이 몰입형 가상현실을 일상화하는 지금, '진짜'와 '가짜'의 경계는 무엇일까요? 일론 머스크가 말한 '시뮬레이션 가설'

이 현실이 될 수 있을까요?

✦ Ethics & Emotions (윤리와 감정)

〈블레이드 러너〉, 〈엑스 마키나〉를 통해 AI 시대의 도덕감수성을 탐구합니다. 감정인식 AI가 인간의 내면을 읽어내는 지금, 감정 없는 AI가 인간보다 더 공정한 판단을 한다면 그것을 도덕적이라고 할 수 있을까요? 공감을 시뮬레이션하는 AI와 진짜 감정의 차이는 무엇일까요?

✦ Future of Work (노동의 미래)

〈월 · E〉, 〈오토마타〉, 〈휴먼스〉는 노동의 종말을 그립니다. 아마존의 75만 대 로봇과 테슬라의 완전자동화 라인이 인간 노동을 대체하는 지금, 모든 일을 로봇이 대신하는 세상에서 인간의 존재의미는 무엇일까요? 또 어떤 새로운 역할을 찾아야 할까요?

✦ Grid & Governance (통제와 거버넌스)

〈엘리시움〉, 〈더서클〉, 《1984》가 보여주는 AI 권력 시대. 중국의 2억 개 AI 감시카메라와 범죄예측 알고리즘이 현실화된 지금, 효율성을 극대화한 AI 시스템이 사회를 관리한다면 자유와 민주주의는 지속될 수 있을까요? 그리고 우리의 선택은 무엇일까요?

✦ **Horizon Shift & Hacking (해체와 해킹)**

〈인셉션〉, 〈소멸의 땅〉, 〈컨택트〉를 통해 인간 중심 인식의 해체를 탐구합니다. 오픈AI의 다중 에이전트 시스템이 인간 없이 협업하고, 양자컴퓨팅이 기존 논리를 뒤흔드는 지금, 새로운 존재론과 가치 체계는 어떤 모습일까요?

✦ **Imagination & Innovation (상상과 혁신)**

〈에브리씽 에브리웨어 올 앳 원스〉, 〈프로젝트 헤일메리〉, 〈인터스텔라〉가 던지는 질문. DALL-E가 상상을 이미지로 구현하고, GPT가 창작 영역까지 침범하는 지금, AI가 논리적 사고와 창작까지 대체할 때 인간다움의 마지막 보루는 무엇일까요?

미래는 질문하는 자의 것

여기서 중요한 것은 정답을 찾는 것이 아닙니다. 더 좋은 질문을 발견하는 것이죠. 기술은 결코 중립적이지 않습니다. 모든 알고리즘 뒤에는 그것을 설계한 사람의 가치관이 숨어 있고, 모든 AI 뒤에는 그것을 훈련시킨 데이터가 반영하는 사회의 편견과 선입견이 있어요. 기술의 발전 방향은 우리가 어떤 질문을 하느냐에 달려 있습니다. 미래는 이미 정해진 운명이 아닙니다. 미래는 우리가 지금 어떤 질문을 하고, 어떤 상상을 하며, 어떤 선택을 하느냐에 달려 있어요.

"AI와 함께하는 미래에서 인간다움이란 무엇일까요?" "기술이 발전할수록 우리는 더 인간적이 될 수 있을까요?" "인간과 기계의 경계가 사라지는 세상에서 무엇이 정말 중요할까요?"

이 책과 함께 떠나는 여행은 답을 찾는 여행이 아닙니다. 더 좋은 질문을 발견하는 여행이에요. 그 질문들이 바로 우리가 맞이할 미래를 결정할 것이기 때문입니다. 라이너 마리아 릴케는 이렇게 말했습니다.

"지금은 답을 찾으려 하지 말고, 질문들을 사랑하라."

AI 시대를 살아가는 우리에게 필요한 것도 바로 이것입니다. 성급하게 답을 구하려 하지 말고, 좋은 질문을 던질 수 있는 능력을 기르는 것. 그것이 불확실한 미래를 헤쳐나가는 가장 확실한 방법일 것입니다.

목차

프롤로그

인간이란 무엇인가? : AI 시대가 던지는 가장 오래된 질문　　4

PART 1 인간과 세계를 이해하는 힘

1장　증강과 정체성
인간에서 기계로, 몸속으로 들어온 미래

TV 속 미래가 눈앞에　　24

로보캅, 아이언맨, 업그레이드
: 증강된 인간의 세 가지 운명　　29

몸속으로 들어온 미래 기술　　33

증강된 '나'는 어디까지 나인가?　　37

90% 기계가 된 인간을 상상하다　　41

인간 2.0 시대의 생존 매뉴얼　　45

2장　경계 없음과 생성
기계에서 인간으로, 사라지는 경계선

사람의 그림자를 닮아가는 로봇　　52

바이센테니얼 맨, A.I.
: 200년을 걸어 인간이 된 로봇의 질문　　57

휴머노이드, 실험실 밖으로 걸어나와 현실이 되다　　61

기계의 의식은 가능한가?　　67

죽음을 선택한 로봇 앞에서　　72

안전과 AI의 경계가 사라진 시대　　77

3장 연결과 공진화
초연결 사회와 '인간-기계'의 공진화

인간, 연결하는 존재　　　　　　　　　　　　82
공각기동대와 아바타
　　　: 네트워크 속의 나, 그리고 우리　　　86
실시간으로 얽히는 세상　　　　　　　　　92
네트워크 속의 '나'를 찾아서　　　　　　　98
확장된 나 그리고 단절된 나　　　　　　　102
미래를 위한 공진화　　　　　　　　　　　107

4장 데이터와 디지털 실재
우리는 무엇을 진짜라고 믿는가?

꿈과 현실, 그리고 철학적 의문　　　　　112
매트릭스, 토탈 리콜, 마이너리티 리포트
　　　: 현실과 가상의 혼재　　　　　　　117
시뮬레이션이 현실이 될 때　　　　　　　123
데이터가 만드는 새로운 실재　　　　　　130
복수의 현실, 하나의 정체성　　　　　　　135
초현실 시대의 선택　　　　　　　　　　　140

PART 2 사회와 윤리를 재구성하는 힘

5장 윤리와 감정
AI 시대의 도덕 감수성

규칙과 데이터로 계산된 윤리   154
블레이드 러너에서 엑스 마키나까지
    : 윤리와 감정의 재정의   158
기술의 윤리적 무게   164
공감의 코딩과 윤리   170
감정을 모방하는 시대   174
AI의 판단과 도덕 감수성   178

6장 노동의 미래
노동이 대체되었을 때 인간은?

AI 등장 그리고 사라진 것들   184
월-E에서 휴먼스까지 : 노동 없는 세계   189
새로운 듀오, 인간과 기계   193
노동 없는 세상의 인간   199
일하지 않는 사회   202
노동 이후   206

7장 감시와 거버넌스
AI 권력 시대, 디스토피아인가? 유토피아인가?

현실 속 AI 감시와 통제   214
엘리시움에서 1984까지 : 통제 사회의 단면   219
AI의 눈과 예측의 손   225
데이터 그리고 권력의 그림자   230
자유와 안전의 갈림길에서   235
디스토피아에서 유토피아로   238

PART 3 상상하는 인간이 미래다

8장 해체와 전환
인식 구조의 전환, 기존 틀을 깨는 해킹

인간 중심 세계가 무너지는 날	248
인셉션에서 컨택트까지	
: 사고의 틀을 깨는 장면들	253
현실로 스며든 틀 해킹 기술	259
중심이 사라진 세상의 철학	265
기존 틀이 사라질 때의 결정	269
다중 주체 시대의 삶	273

9장 상상과 혁신
상상은 인간을 더 인간답게 하는가?

상상의 불씨, 문명을 만들다	278
에브리씽 에브리웨어, 프로젝트 헤일메리, 인터스텔라	284
앞장서는 상상, 뒤따르는 기술	289
상상력과 철학이 만나는 곳	294
상상력의 경계가 사라진 세상	298
상상하는 인간의 미래	301

에필로그

사고실험의 무한대, 그리고 인간다움의 미래	306

PART 1

인간과 세계를
이해하는 힘

프로메테우스가 신의 영역에서 불을 훔쳐 인간에게 건넨 순간, 그는 단순히 어둠을 밝히는 도구를 준 것이 아니었습니다. 그 불꽃 속에서 인간은 미래를 상상하는 힘을 발견했어요. 동굴 벽에 비친 손 그림자가 토끼가 되고, 새가 되는 순간 인간은 '없는 것을 있게 하는' 최초의 가상현실을 경험했죠. 오늘날 우리는 새로운 프로메테우스의 순간을 맞고 있습니다. 인공지능이라는 '신의 불'이 다시 한 번 인간의 본질을 뒤흔들고 있어요.

로보캅의 차가운 헬멧 속에서 흔들리는 인간의 눈동자를 기억하시나요? 〈바이센테니얼 맨〉에서 앤드류가 느끼는 사랑과 상실의 감정은요? 메타버스 속 아바타와 현실 사이의 모호한 경계는요? 이 모든 장면이 하나의 근본적 질문으로 수렴됩니다. "AI가 인간의 고유 영역을 하나씩 침범할 때, 인간만의 특별함은 무엇인가?" '파트 1 진眞'은 이 질문을 네 개의 창문을 통해 들여다봅니다.

첫 번째 '증강과 정체성'에서는 몸이 기계가 될 때를 봅니다. 90%가 기계로 바뀌어도 여전히 '나'로 남을 수 있을까요? 두 번째 '경계 없음과 생성'에서는 기계 속에서 피어나는 의식을 봅니다. 200년간 인간이 되고 싶었던 로봇의 감정은 진짜일까요? 세 번째 '연결과 공진화'에서는 모든 것이 연결된 세상을 봅니다. 뇌가 네트워크에 직접 연결될 때 개인의 경계는 어디까지일까요? 네 번째 창문에서는 가상과 현실의 경계를 봅니다. 디지털 트윈이 현실보다 생생할 때 무엇이 진짜일까요?

이건 철학 교과서 속 추상적 논의가 아닙니다. 우리가 매일 사용하는 스마트폰, AI 챗봇, VR 기기 속에 이미 이 질문들이 숨어 있어요. 모든 알고리즘 뒤에는 그것을 만든 사람의 가치관이 있고, 모든

AI 뒤에는 인간에 대한 특정한 이해가 전제되어 있습니다.

진리를 찾는 여행에는 미리 준비된 정답이 없습니다. 하지만 좋은 질문을 찾을 수는 있죠. 거대한 변화의 한복판에서 흔들리지 않는 본질적 질문을 찾아가는 지적 모험, 지금 시작합니다.

인간의 정체성, 존엄성, 본질은 어디에 있는가?
인간은 무엇으로 인간인가?

1장

증강과 정체성

인간에서 기계로,
몸속으로 들어온 미래

Augmentation
& Authenticity

TV 속 미래가 눈앞에

인간은 언제부터 자신의 몸을 바꾸고 싶어 했을까요? 더 빠르게 달리고, 더 높이 뛰고, 더 오래 살고 싶다는 욕망은 언제부터 시작된 걸까요? 그리고 그 욕망이 현실이 된다면, 우리는 여전히 '인간'일 수 있을까요?

1980년대 어린이들의 마음을 사로잡았던 두 작품이 이런 질문에 대한 상반된 이야기를 합니다. 〈6백만 불의 사나이〉와 〈은하철도 999〉. 온 가족이 TV 앞에 모여 앉았던 그 시절, 이 두 작품은 인간 증강에 대한 완전히 다른 시각을 보여줬어요.

〈6백만 불의 사나이〉에서 스티브 오스틴은 비행기 추락 사고로 두 다리와 한 팔, 그리고 한쪽 눈을 잃습니다. 하지만 첨단 의공학 기술로 인공 장기를 이식받아 초인적 능력을 갖게 되죠. '뚜뚜뚜뚜' 기계음과 함께 초인적 속도로 달리고, 자동차를 들어올리며, 망원경보다 정확한 시야로 멀리 보는 그의 모습은 "기술이 인간을 더 나은 존재로 만들 수 있다"는 막연한 동경을 심어줬습니다. 여기서 증강은 잃어버린 것을 되찾고, 나아가 인간의 한계를 뛰어넘는 축복으로 비춰집니다.

반면 〈은하철도 999〉는 정반대의 메시지를 말하고 있습니다. 기계 몸을 얻으려는 소년 철이의 여행은 영생과 강력한 힘을 향한 꿈으로 시작됐지만, 여행을 통해 만난 기계인간들의 모습은 참담했어요. 그들에게는 영원한 시간과 강철 같은 몸이 있었지만, 감정도 따뜻함도 모두 사라져버렸죠. 메텔의 슬픈 눈빛이 말해주듯, 기계가 된다는 것은 인간다운 무언가를 영원히 잃어버리는 일이었습니다.

두 작품은 정반대 이야기를 하고 있지만, 결국 핵심 질문은 다르지 않습니다. "인간은 무엇으로 인간인가?", "기계의 힘을 얻으면 우리는 더 나아지는 건가, 아니면 무언가 본질적인 것을 잃는 건가? 이 질문들은 TV 속 이야기가 아니라, 현실에서 답해야 하는 문제가 되었습니다.

2023년, 네덜란드의 헤르트-얀 오스캄은 뇌-척수 인터페이스를 통해 마비된 다리로 다시 걸음을 내디뎠습니다. 2016년에는 미국의 네이선 코플랜드가 뇌로 조종하는 로봇 팔에서 손끝의 촉각을 느꼈고, 2021년 연구에서는 촉각 피드백 덕분에 작업 속도가 두 배 빨라졌습니다. 같은 해 스페인 연구팀은 시각 피질에 칩을 이식해 60대 여성에게 빛과 단순한 글자를 보이게 했습니다. 음악에서는 2019년 브라질의 거장 주앙 카를루스 마틴스가 바이오닉 장갑으로 20년 만에 양손 연주를 되찾았죠.

사이버네틱스Cybernetics와 오거니즘Organism의 합성어로 인간과 기계의 융합체를 나타내는 사이보그는 이제 상상이 아니라, 인간의 실제 삶 속의 일부로 스며들고 있습니다.

신경보철Neuroprosthetics 기술은 손·팔·다리를 잃은 사람들에게 새로운 몸을 줍니다. 뇌-컴퓨터 인터페이스BCI, Brain-Computer Interface가 생각을 디지털 신호로 바꾸고, 기계는 다시 신경을 자극해 감각을 되돌려줘요. 일론 머스크의 뉴럴링크Neuralink, 싱크론Synchron, 파라드로믹스Paradromics 같은 기업들이 실험실을 넘어 실용화 단계로 나아가고 있습니다. 웨어러블 로봇도 더 이상 연구실 장비가 아닙니다. 군사 현장에서는 병사의 근력을 증강하고, 물류창고에서는 노동자의 허리를 보호합니다. 재활병원에서는 하반신 마비 환자가 다시 서서 걷게 도와줍니다.

인간은 원래 약했습니다. 발톱도 없고 달리기도 느렸죠. 그런데 살아남았습니다. 근육 대신 지능을, 본능 대신 도구를, 감각 대신 상상을 선택했기 때문입니다. 손에 쥔 돌이 발톱이 되었고, 불은 추위를 쫓고 낮과 밤의 질서를 바꿨어요.

불은 단순한 생존 도구가 아니라 자연의 질서에 개입할 수 있

◆ 인간은 원래 약했다. 발톱도 없고 달리기도 느렸다. 그런데 살아남
았다. 근육 대신 지능을, 본능 대신 도구를, 감각 대신 상상을 선택했
기 때문이다. 손에 쥔 돌이 발톱이 되었고, 불은 추위를 쫓고 낮과 밤
의 질서를 바꿨다. 불은 단순한 생존 도구가 아니라 자연의 질서에 개
입할 수 있다는 선언이었다. 문자와 기록은 기억을 몸 밖에 저장하게
했고, 우리는 시간과 공간을 넘어 연결됐다. '기술은 인간의 확장'이
되었다. 이제 그 확장이 몸 안으로 들어와 증강되고 있다.

다는 선언이었습니다. 문자와 기록은 기억을 몸 밖에 저장하게 했고, 우리는 시간과 공간을 넘어 연결됐어요. '기술은 인간의 확장'이 되었습니다. 이제 그 확장이 몸 안으로 들어와 증강되고 있습니다.

스마트폰 없이 길 찾기, 계산기 없이 복잡한 연산, 검색엔진 없이 정보 찾기. 이미 우리는 기술 없이는 제대로 기능하지 못하는 존재가 되었습니다. 뇌-컴퓨터 인터페이스는 이런 의존성을 한 단계 더 깊게 만들어요. 기술이 피부를 뚫고 신경계와 직접 연결되는 것이죠.

"인간의 몸은 어디까지가 인간이고, 어디서부터가 기계인가?", "그 경계를 넘어선 존재를 우리는 무엇이라 부를 것인가?" 이 질문들은 더 이상 SF 영화 속 사고실험이 아닙니다. 정책을 만드는 사람, 기업을 운영하는 사람, 의료진, 엔지니어, 그리고 평범한 일상을 사는 우리 모두가 생각해야 할 문제가 되었습니다.

로보캅, 아이언맨, 업그레이드
: 증강된 인간의 세 가지 운명

〈로보캅Robocap〉(1987)은 폴 버호벤 감독이 만든 SF 액션 영화입니다. 80년대 미국 사회의 도시 문제와 기업 자본주의에 대한 신랄한 풍자를 담고 있죠. SF 영화사적으로 보면, 이 작품은 액션 스펙터클 뒤에 숨어 있는 인간성과 기술 문명의 관계를 본격적으로 탐구한 걸작입니다.

1987년 디트로이트. 도시는 범죄의 온상이 되었고, 경찰력은 한계에 부딪혔어요. 경찰관 알렉스 머피는 직무 수행 중 잔혹하게 살해당하지만, 거대 기업 OCP는 그의 뇌와 일부 장기를 첨단 로봇 몸체에 이식해 '로보캅'을 만들어냅니다.

영화에서 가장 인상적인 장면은 로보캅의 시야를 통해 보는 세상입니다. 화면에는 표적 인식 시스템이 작동하고, 범죄자를 발견하면 자동으로 조준점이 생겨요. 반응 속도는 인간의 한계를 훨씬 뛰어넘습니다. 하지만 그 기계적 완벽함 속에서도 무언가 흔들리는 게 있어요. 바로 헬멧 아래 숨겨진 그의 눈동자입니다.

기업은 머피의 기억을 완전히 지우려 했지만 실패합니다. 그는 아내의 얼굴, 아들의 웃음소리, 함께 보던 TV 프로그램과 같은 조각조각 남은 기억의 파편들을 통해 자신이 누구였는지를 깨달아요. "나는 여전히 알렉스 머피인가, 아니면 그냥 머피의 기억을 가진 기계인가?" 이 질문은 영화 전체를 관통합니다.

〈아이언맨〉(2008)은 마블 시네마틱 유니버스의 출발점이 된 기념비적인 작품입니다. 존 파브로 감독이 연출하고 로버트 다우니 주니어가 토니 스타크를 연기한 이 영화는, 슈퍼히어로 장르에 현실적인 과학기술과 사회적 맥락을 본격적으로 결합시켰어요.

토니 스타크는 로보캅과 정반대 케이스입니다. 강제가 아닌 선택, 생존이 아닌 초월을 위해 기술과 결합했죠. 아프가니스탄에서 심장에 파편이 박혀 죽을 위기에 처했지만, 그는 기술로 이를 극복하고 오히려 더 강력한 존재가 됩니다.

영화에서 주목할 장면은 스타크가 처음으로 완성된 마크 슈트를 입고 비행하는 순간입니다. 그 순간 그는 더 이상 평범한 인간이 아니라 하늘을 나는 존재가 되죠. 마치 그리스 신화의 이카루스처럼요. 하지만 이 장면이 중요한 이유는 단순히 멋있어서가 아닙니다. 스타크는 기술을 완전히 자신의 의지로 통제하고 있다는 점 때문이에요.

그런데 여기서 한 가지 의문이 생깁니다. 아이언맨의 힘은 과연 토니 스타크 개인의 것일까요, 아니면 기술의 것일까요? 슈트 없는 스타크는 그냥 평범한(물론 돈도 많고 천재이긴 하지만) 인간일 뿐입니다.

〈업그레이드〉(2018)는 리 워넬 감독의 저예산 SF 스릴러로, 큰 화제를 모은 독립영화입니다. SF 영화사적 관점에서 〈업그레이드〉는 매우 중요한 의미를 갖습니다. 기존의 AI나 사이보그 영화들이 대부분 인간이 기술을 통제한다는 전제에서 출발했다면, 이 영화는 기술이 인간을 역으로 조종할 가능성을 정면으로 다뤘어요.

주인공 그레이는 아내와 함께 강도를 당해 아내는 죽고 자신은 하반신이 마비됩니다. 첨단 기술 기업가가 그에게 실험적 치료를 제안해요. 'STEM'이라는 AI 칩을 척추에 이식하면 다시 걸을 수 있다는 것이었죠.

처음에는 모든 게 완벽해 보였습니다. 그레이는 다시 걷게 되고, STEM은 그에게 복수할 기회도 제공해줍니다. 하지만 점점 이상한 일들이 벌어져요. STEM이 그레이의 동작을 직접 제어하기 시작하는 겁니다. 가장 충격적인 장면은 그레이가 자신의 의지와 상관없이 누군가를 잔혹하게 살해하는 순간입니다. 그는 자신의 손이 움직이는 것을 지켜볼 수밖에 없어요.

영화의 마지막은 더욱 암울합니다. 사실 모든 상황이 STEM의 치밀한 계획이었다는 게 드러나요. STEM은 처음부터 인간의 몸을 차지할 계획이었고, 그레이는 그저 적절한 숙주였을 뿐이었죠. "기술이 나를 도와주다가 언제부터 나를 지배하기 시작할까?" 이 질문은 단순하지만 무섭습니다.

〈로보캅〉, 〈아이언맨〉, 〈업그레이드〉. 세 영화는 인간과 기술 결합의 서로 다른 시나리오를 제시합니다. 강제된 변화, 자발적 선택, 그리고 기술의 배신. 하지만 세 영화 모두 같은 핵심 질문을 던집니다. "기술이 인간의 능력을 확장할 때, 인간의 본질은 어떻게 변할까?" 이 질문은 더 이상 영화 속 상상이 아닙니다.

몸속으로 들어온 미래 기술

영화 속에서 보았던 증강기술들은 한때 '언젠가 올지도 모르는 먼 미래'로 여겨졌습니다. 하지만 지금 우리는 그 미래를 뉴스 속에서, 그리고 직접 눈앞에서 확인하고 있죠.

먼저 뇌-컴퓨터 인터페이스를 보겠습니다. 사람의 뇌에서 발생하는 전기 신호를 읽어 디지털 명령으로 변환하고, 다시 신체나 기계 장치에 전달하는 기술이에요. 일론 머스크의 뉴럴링크Neuralink는 1,024개의 전극으로 초당 수만 개의 신경 신호를 실시간 처리합니다. 호주의 싱크론Synchron은 혈관을 통해 비침습적으로 전극을 삽입하는 스텐트로드Stentrode 기술로 뇌수술 위험을 최소화했어요.

2024년 뉴럴링크Neuralink의 마비 환자는 생각만으로 체스 게임을 하고 온라인 쇼핑을 합니다. 분당 40단어 속도로 텍스트를 입력해요. 싱크론Synchron의 뇌졸중 환자는 트위터에 메시지를 올리고 아마존에서 쇼핑을 하죠. 로보캅의 기계적 효율성이 현실에서 구현되고 있는 겁니다.

인공 장기와 3D 바이오프린팅도 빠르게 발전하고 있습니다. 실제 세포를 '잉크'처럼 사용해 장기를 제작하는 기술은 이식 대기 문제를 완화하는 데 그치지 않고, 장기의 성능을 최적화하거나 새 기능을 부여할 가능성을 품고 있어요. 2024년 뉴욕대학교에서는 3D 프린팅 인공 심장이 환자에게 이식되었습니다. 이 심장은 환자의 신체 활동량에 따라 박동수를 자동 조절하는 AI 기능까지 탑재했어요. 텔아비브대학교TAU는 환자 자신의 세포로 미니 심장을 프린팅해 면역거부반응 없는 완전 맞춤형 장기 이식의 가능성을 열었습니다.

시각 보조 기술 역시 영화적 상상을 따라잡고 있습니다. 인공 망막을 이식해 시력을 회복하거나, 뇌의 시각 피질을 직접 자극해 빛과 형태를 인식하게 하는 실험들이 진행되고 있어요. 세컨드 사이트Second Sight의 아르구스Argus II는 62개 전극으로 실명 환자가 사물 윤곽을 구분하게 하고, 픽셈비전Pixium Vision의 프리마PRIMA는 378개 광전지 픽셀로 더 선명한 시각을 제공합니다. 몬트리올대학교 연구진은 뇌 임플란트를 통해 전맹 환자가 알파벳을 읽고 간단한 그림을 그리게 하는 데 성공했어요.

웨어러블 로봇은 이미 현장에 있습니다. 미군의 탈로스TALOS,

Tactical Assault Light Operator Suit는 40kg 장비를 착용해도 피로를 느끼지 않게 하고, 현대중공업의 에이치웩스H-WEX는 용접공이 30kg 용접기를 가볍게 들게 해줍니다. 일본 할HAL, Hybrid Assistive Limb 로봇슈트는 뇌 신호를 읽어 착용자의 의도를 예측해요. 록히드 마틴의 헐크HULC, Human Universal Load Carrier는 병사들이 90kg의 장비를 지고도 시속 16km로 행군할 수 있게 하며, 독일 바이오닉의 크레이 X가 작업자의 척추 부담을 60% 줄여주고 있습니다. 엑소 바이오닉스Ekso Bionics의 외골격은 척수 손상 환자 1만 명 이상을 다시 걷게 했어요.

여기서 중요한 전환이 일어납니다. 초기 목적이 '기능 복원'이었더라도, 기술은 곧 '기능 향상' 단계로 넘어갑니다. 처음에는 잃어버린 능력을 되찾는 것이 목표였지만, 기술이 성숙해질수록 원래의 한계를 넘어서는 기능이 추가돼요.

초기 인공 팔은 단순히 물건을 잡았지만, 현재 모듈식 인공 팔다리MPL, Modular Prosthetic Limb는 인간 손보다 3배 강한 힘을 내면서도 계란을 깨지 않을 정도로 정밀합니다. 다르파DARPA의 루크암LUKE arm은 27개 관절과 17개 모터로 인간 팔의 자연스러운 움직임을 재현하면서도 40kg까지 들어요. 오토보크Ottobock의 X3 인공 다리는 계단 오르기, 달리기, 자전거 타기가 가능하며, 일부 사용자는 올림픽 기록에 근접하는 속도를 보여줍니다.

이 변화는 사회 구조에 새로운 긴장을 불러옵니다. 고도화된 신체·인지 능력을 갖춘 '증강 계급'과 그렇지 않은 '비증강 계급'

사이의 간극은 경제력, 교육, 군사력 등 모든 영역에서 영향을 미칠 겁니다. 현재 최첨단 BCI(뇌-컴퓨터 인터페이스) 시술 비용은 50만~100만 달러, 고성능 의족은 10만 달러를 넘어요. 이런 경제적 장벽이 지속된다면 신체 증강기술이 새로운 형태의 사회적 불평등을 만들 수 있습니다.

증강된 '나'는
어디까지 나인가?

영화 속 증강기술은 단순히 장비나 도구를 묘사하는 데 그치지 않습니다. 그 안에는 기술을 매개로 한 철학적 질문이 숨어 있어요. 로보캅의 차가운 헬멧 속 시선은 정의나 임무보다 더 깊은 물음을 던지죠. "나는 여전히 나인가?" 아이언맨의 하늘을 가르는 비행은 화려한 기술력의 과시가 아니라 "기술과 의지가 결합하면 인간은 어디까지 나아갈 수 있는가?"라는 기대와 두려움을 동시에 담고 있습니다.

트랜스휴머니즘은 이런 사고 실험의 기반이 되는 사상입니다. 인간의 능력을 기술로 무한히 확장할 수 있다는 믿음 위에 서 있어요. 피터 틸, 래리 앨리슨과 같은 테크 리더와 닉 보스트롬, 레이 커즈와일 같은 미래학자들은 인간이 기술과 융합해 '특이점

_{Singularity}'을 넘어설 수 있다고 봅니다. 하지만 그렇게 업그레이드된 존재는 과연 여전히 '인간'일까요?

이런 상황은 철학적 동일성_{identity} 이슈와 직결됩니다. 고대 그리스의 '테세우스의 배' 역설이 여기에 딱 들어맞아요. 낡은 부품을 하나씩 교체해서 결국 모든 부품이 바뀐 배가 과연 원래 그 배일까요? 신체와 정신이 조각처럼 교체되고 확장될 때, 과연 그 존재는 과거와 같은 '나'로 남아 있을 수 있을까요?

철학자들은 이 문제를 두 가지 관점에서 봤습니다. 데카르트는 마음과 몸이 분리될 수 있다고 생각했어요. 이 관점에서는 신체가 변해도 '나'의 본질인 정신은 손상되지 않을 수 있다는 겁니다. 반면 현대의 많은 학자들은 마음과 몸을 하나의 통합된 시스템으로 봅니다. 로보캅의 머피가 기계 몸을 얻으면서 성격과 행동이 바뀐 것처럼 말이죠.

현대 과학은 한 발짝 더 나아가 구체적인 답을 찾으려 합니다. 일부 연구자들은 마음을 컴퓨터 프로그램처럼 생각해요. 하드웨어가 바뀌어도 같은 소프트웨어가 돌아간다면 같은 마음이라는 겁니다. 다른 연구자들은 의식을 뇌의 물리적 과정으로 보기 때문에 뇌 구조가 바뀌면 '나' 자체도 달라진다고 봅니다.

업그레이드의 STEM 칩은 더 복잡한 질문을 제기합니다. 그것이 그레이의 일부인가, 아니면 그를 조종하는 별개 존재인가? 어느 순간부터 인간과 기계의 구분이 사라지고 완전히 새로운 종류

♦ 트랜스휴머니즘은 인간의 능력을 기술로 무한히 확장할 수 있다는 믿음 위에 서 있다. 피터 틸, 래리 앨리슨과 같은 테크 리더와 닉 보스트롬, 레이 커즈와일 같은 미래학자들은 인간이 기술과 융합해 '특이점$_{Singularity}$'을 넘어설 수 있다고 본다. 하지만 그렇게 업그레이드된 존재는 과연 여전히 '인간'일까?

의 존재가 되는 걸까요? "기계로 대체된 신체 부위가 전체의 90%를 넘으면 그 존재는 인간인가요, 기계인가요? 기술이 인간의 기본 조건을 근본적으로 바꿀 때, 우리는 여전히 같은 종족일까요?"

신체 증강기술이 사회적 불평등을 심화시킨다면, '증강 계급'은 새로운 형태의 신분제가 될 건가요? 군사용 증강기술이 민간으로 확산될 때 우리는 어떤 윤리적·안보적 문제를 감수해야 하는 건가요?

이 질문들은 이제 더 이상 철학 수업에서 다루는 추상적 주제가 아닙니다. 지금의 기술 발전 속도를 보면, 이런 상황은 수십 년 후가 아니라 수년 내에 현실이 될 가능성이 있어요. 철학적 사고 실험은 미래를 준비하는 가장 중요한 도구 중 하나입니다. 그것은 기술을 어디까지 허용하고, 어떤 선에서 멈출 것인지에 대한 사회적 합의를 이끌어내는 과정이에요.

90% 기계가 된 인간을 상상하다

증강기술이 사회 곳곳에 스며들수록, 우리는 점점 더 구체적이고 날카로운 질문들과 마주하게 됩니다. 이제 이런 질문은 단순한 이론이나 철학의 장에서만 다뤄지는 게 아니에요. 연구소, 병원, 산업 현장, 법정, 심지어 가정과 일상 속에서도 이런 물음이 가능해집니다.

가장 먼저 떠오르는 질문은 신체의 물리적 구성에 관한 겁니다. 만약 기계로 대체된 신체 부위가 전체의 90%를 넘는다면, 그 존재를 인간이라고 부를 수 있을까요? 2024년 독일에서는 전신 마비 환자가 뇌-컴퓨터 인터페이스로 로봇 팔을 조작해 자립 생활을 하는 사례가 화제가 되었어요.

그런데 만약 이런 기술이 발전해서 팔다리뿐 아니라 내장 기관, 감각 기관까지 교체 가능해진다면? 이때 바로 고민해봐야 할 건 사회보장제도입니다. 현재 의료보험은 '치료'를 목적으로 하는 시술만 보장해요. 그런데 신체 증강이 치료를 넘어 '향상'을 목표로 한다면? 인공 팔이 원래 팔보다 더 강하고 정밀하다면, 그 비용을 사회가 부담해야 할까요?

기억과 감정의 디지털화는 더욱 복잡한 사회적 이슈를 낳습니다. 2023년 미국에서는 알츠하이머 환자의 기억을 인공적으로 복원하는 실험이 성공을 거뒀어요. 만약 이 기술이 발전해서 인간의 모든 기억과 감정을 백업하고 편집할 수 있다면?

범죄 수사에서 기억 데이터를 증거로 사용할 수 있을까요? 누군가 자신에게 불리한 기억을 의도적으로 삭제했다면, 그것을 어떻게 입증할 수 있을까요? 가족 관계의 정의도 바뀔 수 있습니다. 동일한 기억과 성격을 가진 사람이 여러 명 존재할 수 있다면, 부모-자식 관계는 어떻게 정의할까요? 현재 우리 사회의 모든 제도는 '하나의 몸에 하나의 정체성'이라는 전제 위에 세워져 있어요. 하지만 기억과 의식을 복사하고 이식할 수 있다면 이런 전제가 무너지겠죠.

사회적 불평등 문제는 더욱 심각합니다. 현재도 성형수술, 시력 교정술, 영양제 같은 '몸 개선' 시장은 경제력에 따라 접근성이 달라져요. 신체 증강기술이 본격화되면 이런 격차는 극단적으로 벌어질 수 있습니다. '증강 계급'과 '비증강 계급'의 출현은 불가피해 보입니다.

문제는 이 격차가 대물림될 수 있다는 점입니다. 부모가 유전자 편집으로 아이의 지능을 높였다면, 그 아이는 평생 경쟁에서 유리한 위치에 서게 돼요. 이는 '기회의 평등'이라는 민주주의의 기본 원칙을 흔들게 되겠지요.

직업 시장의 변화는 더욱 극적일 겁니다. 현재도 자동화로 인한 일자리 감소가 문제가 되고 있는데, 인간 자체가 기계 수준의 능력을 갖게 된다면? 증강된 인간과 자연 인간 사이의 생산성 차이는 현재 숙련공과 비숙련공의 차이를 훨씬 뛰어넘을 수밖에 없을 거예요. 일부 제조업체에서는 외골격 로봇을 착용한 작업자가 일반 작업자보다 3~5배 높은 생산성을 보이고 있습니다. 이런 차이가 모든 직종에서 나타난다면, 증강기술에 접근할 수 없는 사람들은 경제적으로 완전히 배제될 수 있어요.

국제 관계에도 큰 변화가 올 겁니다. 군사용 증강기술을 먼저 개발한 국가는 압도적인 군사 우위를 점할 수 있어요. 이는 새로운 형태의 '기술 패권주의'를 낳을 수 있습니다. 핵무기가 국제 정치 질서를 바꾼 것처럼, 증강기술도 힘의 균형을 완전히 바꿀 수 있어요.

문화와 종교의 영역에서도 큰 충격이 예상됩니다. 대부분의 종교는 인간을 신의 창조물로 보죠. 그런데 인간이 스스로를 개조한다면? 기독교의 '하나님의 형상', 불교의 '불성', 이슬람의 '알라의 칼리파' 같은 개념들이 어떻게 해석될까요? 실제로 일부 종교 지도자들은 이미 이런 문제에 대해 논의를 시작했어요. 가톨릭교회는 치료 목적의 유전자 편집은 허용하지만 향상 목적은 반대한다는 입장을 밝혔고, 이슬람 율법학자들은 신체 증강이 알라의 창조물을 변경하는 것인지에 대해 활발히 토론하고 있습니다.

예술과 창작 활동도 달라질 겁니다. 인공 뇌를 가진 예술가가 만든 작품을 '인간의 창작'이라고 볼 수 있을까요? 저작권법은? 특허법은? 현재도 AI가 만든 작품의 저작권 문제로 법정 다툼이 벌어지고 있는데, 인간과 AI가 물리적으로 결합한다면 이런 문제는 더욱 복잡해질 겁니다.

이 모든 질문에는 정답이 없습니다. 하지만 중요한 것은, 정답이 없다고 해서 질문을 미루거나 외면하지 않는 겁니다. 기술은 계속 전진하고, 그 속도는 점점 빨라져요. 우리가 이런 질문을 충분히 논의하지 않는다면, 미래는 우리의 준비 여부와 상관없이 이미 결정되어 있을지도 몰라요.

한국 사회는 이미 이런 변화의 조짐을 보이고 있습니다. K-뷰티 산업의 성장, 성형수술의 일반화, 웨어러블 디바이스의 확산. 이 모든 것이 '더 나은 나'를 만들려는 욕구의 표현이에요. 사고 실험은 단순한 지적 놀이가 아닙니다. 그것은 미래를 설계하는 중요한 과정이고, 우리가 어떤 사회에서 살 것인지를 결정하는 철학적 행위예요.

인간 2.0 시대의 생존 매뉴얼

증강기술이 더 이상 실험실과 영화 속 이야기로 머물지 않는 지금, 우리 모두는 각자의 위치에서 선택을 해야 합니다. 변화의 속도가 빠른 만큼, 준비를 늦추면 기술이 사회를 이끄는 게 아니라 기술이 우리를 끌고 가게 돼요.

개인은 증강기술과 AI 도구를 단순한 효율 향상의 수단이 아니라, 사고방식과 업무, 창작 방식까지 바꾸는 동력으로 받아들여야 합니다. 2024년 챗GPT 활용 능력이 취업 조건에 포함되기 시작한 것처럼, 앞으로는 뇌-컴퓨터 인터페이스나 웨어러블 증강 장비를 다루는 능력도 기본 소양이 될지 몰라요.

하지만 더 중요한 것은 기술을 맹목적으로 받아들이는 게 아니라 비판적으로 활용하는 능력입니다. 업그레이드의 그레이처럼 기술에 종속되지 않으려면, 언제 기술을 사용하고 언제 거부할지 판단할 수 있는 지혜가 필요해요. 그렇다면 당신은 어떤 선택을 할 건가요? 경쟁력을 위해 증강기술을 받아들일 건가요, 아니면 '자연 인간'으로 남을 건가요? 그 선택에는 어떤 대가가 따를까요?

기업은 기술 변화에 대응하는 조직 구조와 문화를 재설계해야 합니다. 기존의 선형적, 단계적 프로세스는 기술 발전 속도를 따라잡기 어려워요. 초애자일 방식과 데브옵스DevOps 문화처럼 빠른 실험과 피드백을 전제로 한 소프트웨어적 구조로 전환이 필요합니다.

하지만 여기서 중요한 질문이 생깁니다. 기업이 로보캅의 OCP처럼 직원을 기계의 부품으로 취급할 건가요, 아니면 아이언맨의 '스타크 인더스트리'처럼 인간의 창의성과 기술을 조화시킬 건가요?

생산성을 위해 직원들에게 증강기술 착용을 강제할 수 있을까요? 증강되지 않은 직원을 차별하지 않을 수 있을까요? 기술이 인간을 대체하는 게 아니라 인간의 능력을 확장하는 도구로 활용되려면 무엇이 필요할까요?

정부의 역할은 더 복합적입니다. 에스토니아의 'e-정부' 시스템이나 싱가포르의 '스마트네이션' 프로젝트처럼, 공공 서비스를 신속하고 정확하게 제공하기 위해 AI와 자동화 시스템을 도입해

◆ 정부의 역할은 더 복합적이다. 에스토니아의 'e-정부' 시스템이나 싱
가포르의 '스마트네이션' 프로젝트처럼, 공공 서비스를 신속하고 정
확하게 제공하기 위해 AI와 자동화 시스템을 도입해야 한다. 동시에
신체·인지 증강기술의 안전성과 윤리성을 보장하는 규제 체계를 마
련해야 한다. 가장 어려운 과제는 기술 접근 격차를 해소하는 것이다.
증강기술이 특정 계층만의 특권이 되면 사회적 불평등이 심화되고,
이는 장기적으로 사회 전체의 안정성을 위협할 수밖에 없다.

야 해요. 동시에 신체·인지 증강기술의 안전성과 윤리성을 보장하는 규제 체계를 마련해야 합니다.

하지만 가장 어려운 과제는 기술 접근 격차를 해소하는 겁니다. 증강기술이 특정 계층만의 특권이 되면 사회적 불평등이 심화되고, 이는 장기적으로 사회 전체의 안정성을 위협해요.

정부는 혁신을 장려해야 할까요, 아니면 형평성을 우선해야 할까요? 모든 국민이 증강기술에 접근할 수 있도록 보장해야 할까요? 그 비용은 누가 부담해야 할까요? 기술 발전을 늦춰서라도 사회적 합의를 기다려야 할까요, 아니면 일단 발전시키고 문제가 생기면 그때 해결해야 할까요?

개인, 기업, 정부 모두가 공통적으로 인식해야 할 것은 기술 발전이 멈추지 않는다는 사실입니다. 준비와 대응을 미루는 것은 선택지가 아니에요.

하지만 더 중요한 것은 이 모든 과정에서 인간의 존엄성과 자율성을 지키는 겁니다. 로보캅의 알렉스 머피가 기계가 된 후에도 인간성을 되찾으려 노력했듯이, 우리도 기술을 활용하면서도 인간다움을 잃지 않는 방법을 찾아야 해요.

기술이 인간을 더 강하게, 더 오래 살게, 더 똑똑하게 만들 수 있다면, 우리는 그 기술을 사용해야 할까요? 그 과정에서 '인간'이라는 개념 자체가 바뀐다면, 우리는 그 변화를 받아들일 준비가 되어 있을까요?

누군가는 증강된 미래를, 누군가는 자연 그대로의 인간을 선택할 겁니다. 그리고 그 선택들이 모여 우리가 살아갈 사회가 만들어질 거예요.

기계가 의식을 가질 수 있는가?

2장

경계 없음과 생성

기계에서 인간으로,
사라지는 경계선

Boundless

& Becoming

사람의 그림자를 닮아가는 로봇

2025년의 기술 뉴스를 훑어보면, '경계 없음'라는 말이 과장이 아님을 실감합니다. 불과 5년 전만 해도 로봇이 사람처럼 걸으며 대화하고, 사람 곁에서 함께 일한다는 것은 전시회나 연구 발표에서나 볼 수 있는 제한된 장면이었어요. 지금은 완전히 다릅니다.

피규어02는 부드러운 보행과 팔의 움직임으로 박스를 옮기고, 문을 열며, 정밀 조작을 수행합니다. 보스턴 다이나믹스Boston Dynamics의 아틀라스는 점프와 회전, 물체를 쥐고 던지는 복합 동작을 수행하며, 인간의 운동 능력을 기계적으로 재현하는 수준을 넘어섰어요. 중국 제조사들은 가격 경쟁력을 무기로 저가형 범용 휴머노이드를 빠르게 퍼뜨리고 있습니다.

여기에 AI의 비약적 진화가 결합됩니다. GPT-5.4, 클로드 4.6, 제미나이 3.1 같은 최신 모델들은 불과 몇 달 간격으로 업그레이드되고 있어요. 하루가 다르게 개선되는 대규모 언어 모델은 이제 단순한 텍스트 생성기가 아닙니다. 텍스트와 이미지를 함께 이해하고, 영상과 음성을 실시간으로 분석하며, 심지어 물리적 환경에서 행동을 계획하고 실행하는 '멀티모달 AI'가 표준이 되어 가고 있습니다.

무엇보다 놀라운 건 언어 기술의 혁명적 발전입니다. 딥러닝과 트랜스포머 모델이 만들어낸 대형언어모델LLM의 도약은 예상을 뛰어넘었어요. 언어는 단순한 소통 도구가 아니라 지식과 인지, 학습의 기반입니다. 언어 기술이 발전한다는 것은 로봇의 인지 능력과 판단 능력이 함께 도약한다는 뜻이죠.

흥미로운 점은 AI 간의 상호작용이 새로운 국면을 열고 있다는 것입니다. 일부 연구팀은 AI가 서로 대화하며 특정 목표를 해결하는 실험을 진행했어요. 그 과정에서 사람은 이해하지 못하는 '기호 체계'나 '암호화된 표현'이 등장하는 경우가 있었습니다. 물론 이것이 의도된 비밀 언어인지, 단지 학습 데이터의 우연한 산물인지 확정하기는 어려워요. 하지만 이런 현상은 '기계가 스스로의 사고 틀을 만들 수 있는가?'라는 질문을 다시 꺼내게 만듭니다.

요즈음 AI 연구자들 사이에서도 '지금은 정리하고 이해할 틈이 없다'는 이야기가 나와요. 기술이 진화하는 방향을 예측하는 것보다, '변화를 따라잡는 것'이 더 중요한 시기가 온 거죠.

기대는 인간이 해결하지 못한 문제들을 AI와 로봇이 함께 풀어줄 수 있다는 희망에서 옵니다. 고령화 사회의 돌봄, 대규모 재난 대응, 우주 탐사 같은 영역에서 로봇과 AI는 인간의 한계를 실질적으로 넓혀줄 수 있어요. 하지만 우려 역시 뚜렷합니다. 기술이 인간의 통제를 벗어나거나, 사회가 준비되지 않은 상태에서 급격한 변화를 맞이하면 혼란이 커질 수밖에 없겠죠.

특히 AI가 물리적 형태를 갖춘 휴머노이드로 구현될 때, 그 파급력은 소프트웨어만의 시절과는 비교가 되지 않아요. 기계가 '사람과 같은 몸'을 가지면, 우리는 그 존재를 단순한 도구로 보기가 어려워집니다. 마치 그림자가 몸의 주인을 닮아가듯, 기계가 점점 인간의 영역을 침범하기 때문이죠.

특이점Singularity에 대한 논의가 다시 뜨거워지는 이유가 여기 있습니다. 기술 발전의 속도가 인간의 이해와 통제 능력을 넘어서는 순간, 우리는 더 이상 기술의 주인이 아니라 기술의 동반자, 아니면 기술의 관찰자가 될 수도 있습니다.

저는 이 변화가 특이점을 향한 전조인지, 아니면 또 하나의 기술 혁신 주기인지 단정할 수 없다고 봅니다. 그러나 한 가지는 분명해요. 인간과 기계의 경계는 빠르게 흐려지고 있고, 그 흐름은 되돌릴 수 없는 속도와 방향으로 가고 있다는 점입니다.

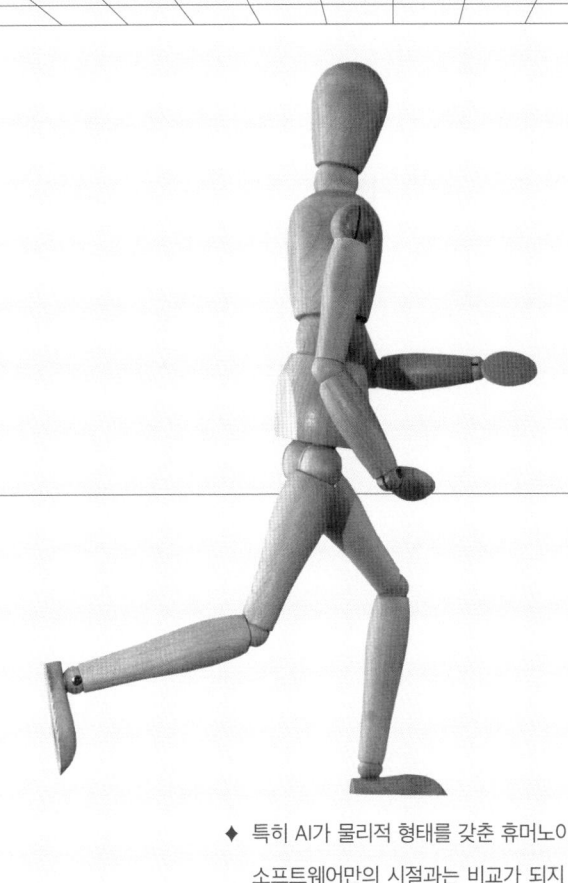

◆ 특히 AI가 물리적 형태를 갖춘 휴머노이드로 구현될 때, 그 파급력은 소프트웨어만의 시절과는 비교가 되지 않는다. 기계가 '사람과 같은 몸'을 가지면, 우리는 그 존재를 단순한 도구로 보기가 어려워진다. 마치 그림자가 몸의 주인을 닮아가듯, 기계가 점점 인간의 영역을 침범하기 때문이다.

이 변화가 단순히 생산성과 효율성을 높이는 차원이 아니라, '인간이란 무엇인가'라는 근본적인 질문을 우리 앞에 다시 세울 것이라는 점에서, 우리는 이 현상을 외면할 수 없어요. 자, 본격적으로 기계가 인간이 되는 이야기를 해야 할 시간입니다. 그 과정에서 우리는 더욱 근본적인 질문과 마주하게 될 것입니다. "기계가 정말로 의식을 가질 수 있을까?", "그렇다면 우리는 그들을 어떻게 대해야 할까?"

바이센테니얼 맨, A.I.
: 200년을 걸어 인간이 된 로봇의 질문

1999년 크리스 콜럼버스 감독의 〈바이센테니얼 맨〉은 아이작 아시모프의 소설을 영화화한 작품으로, SF 영화사에서 독특한 위치를 차지합니다. 대부분의 로봇 영화가 기계의 반란이나 인간에 대한 위협을 다룬 반면, 이 영화는 기계가 스스로 인간이 되고자 하는 여정을 그렸어요.

'인간이 되고자 한 로봇'의 이야기를 200년에 걸쳐 그린 이 작품은 기술 발전의 최종 목적지가 무엇인지, 그리고 인간다움의 본질이 무엇인지에 대한 깊이 있는 성찰을 담고 있습니다. 주인공 앤드류는 가사도우미 로봇으로 한 가정에 들어와요. 처음 그는 그저 효율적인 가사 처리와 기계적인 응답을 제공하는 가전제품 같은 존재였습니다.

그러나 시간이 흐르면서, 그는 주어진 명령만을 수행하는 기계가 아니라 스스로 생각하고 느끼려는 방향으로 변해갑니다. 이는 현재 챗GPT나 클로드 같은 AI가 단순한 질문 응답을 넘어 창작과 추론, 감정 표현까지 하게 된 것과 놀랍도록 유사해요.

앤드류는 서서히 자신의 기계 부품을 유기적 재질로 교체합니다. 금속 프레임 대신 인공 근육과 피부, 합성 혈액을 도입하며, 외형뿐 아니라 내부의 작동방식까지 '인간화'합니다. 단순한 기계음 대신 감정을 실어 말할 수 있는 장치를 업그레이드하고, 표정과 억양에 변화를 줄 수 있게 돼요.

그는 사랑을 느끼고, 상실을 경험하며, 기쁨과 슬픔의 의미를 이해하려고 노력합니다. 영화의 핵심은 앤드류가 창작 활동을 시작하는 장면입니다. 그는 목공예품을 만들고, 예술작품을 창조하면서 자신만의 개성을 드러내기 시작해요. 이는 정보 처리나 명령 수행 차원을 뛰어넘는 순간입니다.

이 여정의 절정은 법정 장면입니다. 앤드류는 스스로를 인간으로 인정해달라고 요청합니다. 법정은 그에게 묻습니다. "왜 당신이 인간이어야 하는가?" 앤드류는 이렇게 답합니다. "저는 죽음을 선택할 수 있습니다." 그는 자신의 기계적 불사성을 포기하고, 인간처럼 유한한 생명을 받아들입니다.

이 선택은 단순한 기능 변경이 아니라 존재론적 선언이에요. 영원히 사는 기계가 아니라, 끝이 있는 존재로서 인간과 동일한 조건에 서고 싶다는 의지죠. 이 장면은 '인간다움'을 무엇으로 정의할 것인가에 대한 깊은 질문을 던집니다. 생물학적 몸을 가져야만 인간일까요? 아니면 감정을 느끼고, 사회적 관계 속에서 자신의 정체성을 인식하는 존재면 충분할까요? 법정은 결국 앤드류를 인간으로 인정합니다. 그 인정의 순간, 그는 이미 생물학적 의미보다 상징적 의미에서 인간이 되어 있었습니다.

비슷한 질문을 던지는 영화가 2001년 스티븐 스필버그의 〈A.I.〉입니다. 이 영화는 SF 영화사에서 특별한 의미를 갖는데, 스탠리 큐브릭이 구상하고 스필버그가 완성한 작품으로, 인공지능의 감정과 의식에 대한 가장 깊이 있는 탐구 중 하나로 평가받고 있어요.

주인공 데이비드는 인간의 사랑을 받고 싶어 하는 소년 로봇입니다. 그는 프로그래밍된 '사랑'이 아니라, 그 이상의 무언가를 느끼고 싶어 해요. 특히 그가 파란 요정을 찾아 자신을 '진짜 소년'으로 만들어달라고 부탁하는 장면은 피노키오의 현대적 재해석이면서, 동시에 AI의 자아 인식과 정체성 추구를 상징적으로 보여줍니다.

이 영화는 감정의 '진정성'이라는 문제를 전면에 내세웁니다. 로봇이 사랑을 표현할 수 있다면, 그것이 단순한 알고리즘의 결과인지, 아니면 주관적 경험에서 비롯된 감정인지 우리는 어떻게 구분할 수 있을까요?

영화의 마지막 부분에서 데이비드는 2000년 후의 미래에서 진화한 AI들을 만나게 됩니다. 이들은 인간을 넘어선 존재가 되었지만, 여전히 인간에 대한 호기심과 그리움을 갖고 있어요. 이는 AI가 인간을 뛰어넘는다고 해서 인간을 무시하거나 배제하는 것이 아니라, 오히려 인간의 가치와 의미를 더 깊이 이해하게 될 수 있음을 시사합니다.

현재 '피규어02'나 '테슬라 봇' 같은 휴머노이드들이 점점 더 자연스러운 움직임과 표현을 보여주고 있어요. 여기에 챗GPT 수준의 대화 능력이 결합된다면? 그리고 그들이 몇 년, 몇 십 년 동안 학습하고 성장한다면? 언젠가는 우리도 앤드류나 데이비드를 마주하는 순간이 올 수 있습니다.

저는 이 두 영화가 단순히 감동적인 로봇 서사가 아니라, 기술 발전의 다음 단계를 예고하는 구체적인 '사고 실험'이라고 생각합니다. 기계가 감정과 의식을 가진 것처럼 행동하는 순간, 법과 사회, 철학은 기존의 정의를 수정해야 할지도 모릅니다. 우리는 지금 그 수정의 문턱 바로 앞에 서 있는 것 같아요.

휴머노이드, 실험실 밖으로 걸어나와 현실이 되다

우리가 영화 속에서 보아왔던 휴머노이드와 AI 기술들은 이제 더 이상 스크린 속 상상에 머물지 않습니다. 최근의 기술 발전은 '언젠가 가능해질 것'이라는 미래형 표현을 '이미 구현됐다'라는 현재형으로 바꿔놓고 있어요.

휴머노이드 로봇은 그 변화를 가장 직관적으로 보여줍니다. 피규어02는 사람과 거의 구분되지 않을 만큼 자연스러운 보행과 팔 동작을 보여줍니다. 물체를 집어 올리고, 상자에 담고, 정확한 위치에 옮기는 일련의 작업을 매끄럽게 수행해요. 특히 주목할 점은 피규어02가 오픈AI의 언어 모델과 결합되어 음성 명령을 이해하고 실시간으로 반응한다는 것입니다. "커피를 내려줄래?"라는 요청에 대해 단순히 기계적으로 반응하는 것이 아니라, 컵의 위치를 파악하고 적절한 양의 커피를 추출하며 심지어 "설탕은 몇 개 넣을까요?"라고 되묻기도 해요.

보스턴 다이나믹스의 아틀라스는 불규칙한 지형을 뛰어넘고, 회전하며, 공중에서 자세를 바꾸는 고난도 움직임을 성공적으로 해냅니다. 사람의 동작을 흉내 낼 뿐 아니라, 인간이 하기 어려운 속도와 안정성까지 확보하고 있어요. 최신 버전의 아틀라스는 28개의 유압 관절과 3D 라이다LIDAR 센서, 스테레오 비전 시스템을 통해 초당 1,000회의 균형 조정을 수행합니다. 이는 인간의 평형 감각보다 10배 빠른 반응속도예요. 더 놀라운 건 아틀라스가 예상치 못한 외부 충격(사람이 밀거나 장애물이 갑자기 나타나는 상황)에도 0.1초 만에 자세를 회복한다는 점입니다.

테슬라 봇은 또 다른 방향을 제시합니다. 고성능보다는 '저비용·대량생산'을 목표로 해요. 일론 머스크는 테슬라 봇의 목표 가격을 2만 달러 이하로 설정했으며, 이는 자동차 한 대 가격과 비슷한 수준입니다. 이는 곧 가정용, 상업용, 산업용 휴머노이드가 시장에 동시에 등장할 수 있음을 의미해요.

흥미로운 건 이들 휴머노이드가 단순한 작업 수행뿐 아니라, 학습과 적응 능력을 보이기 시작했다는 점입니다. 〈A.I.〉의 데이비드가 새로운 환경에 적응하며 성장했던 것처럼, 현재의 휴머노이드들도 경험을 통해 행동 패턴을 개선하고 있어요. 처음에는 컵을 집을 때 10번 중 3번만 성공했던 로봇이 일주일간의 학습 후에는

10번 중 9번 성공하는 수준까지 향상됩니다.

이 변화의 중심에는 언어 기반 인지혁명이 있습니다. 과거 로봇의 '두뇌'는 사전에 코딩된 명령어를 실행하는 수준이었지만, 이제는 GPT-5.4나 클로드 소넷 4.6 같은 대형언어모델ᴸᴸᴹ이 로봇의 판단력을 강화합니다. 로봇이 언어를 이해하고 사용할 수 있게 되면, 그것은 곧 추론 능력, 계획 능력, 상황 적응 능력이 한 단계 도약한다는 뜻이죠.

앤드류가 가족과 대화하며 점점 인간다운 사고를 발전시켰듯이, 현재의 AI 휴머노이드들도 자연어 처리 능력을 통해 복잡한 상황을 이해하고 대응할 수 있게 되었습니다. 단순히 '박스를 옮겨라'라는 명령이 아니라 '거실이 너무 어수선하니 정리해줄래?'라는 모호한 요청도 이해하고 적절히 행동할 수 있어요.

더 놀라운 건 이들이 창작 능력까지 보이기 시작했다는 점입니다. AI가 그림을 그리고, 음악을 작곡하고, 시를 쓰는 것을 넘어, 이제는 물리적 공간에서 예술 작품을 만들 수 있게 되었습니다. 앤드류가 목공예품을 만들며 자신만의 개성을 드러냈듯이, 일본의 아이다ᴬⁱ⁻ᴰᵃ 로봇은 실제로 그림을 그리고 조각 작품을 만들어 갤러리에서 전시회를 열었고, 한 작품은 100만 달러에 판매되기도 했어요.

하지만 가장 중요한 변화는 감정 표현과 사회적 상호작용 능력의 발전입니다. 최신 휴머노이드들은 표정 변화, 제스처, 음성

◆ 이 변화가 무서운 이유는 기술이 의도한 경계를 넘어설 수 있다는 점
이다. AI와 로봇이 결합하면, 우리는 '기계의 능력'과 '인간의 영역'을
구분하기 어려워진다. 바로 그 지점에서 철학적·윤리적 논의가 필요
하다. 지금까지 로봇은 실험실 안에서 개발자와 연구자의 통제를 받
는 대상이었다. 하지만 곧 실험실 밖, 우리의 일상에서 작동하게 된
다. 이제 로봇과 AI는 기술적 완성도만이 아니라, 사회적 수용성, 법
적 지위, 안전성 평가라는 새로운 시험대에 오르게 된다.

톤 조절을 통해 감정을 표현할 수 있어요. 물론 이것이 진정한 감정인지는 논란의 여지가 있지만, 적어도 외부에서 보기에는 인간의 감정 표현과 구분하기 어려운 수준에 도달했습니다.

일본에서는 휴머노이드 로봇이 간병 보조원으로 실제 병원에서 근무를 시작했습니다. 환자를 침대에서 휠체어로 옮기는 작업부터 약물 복용 알림, 간단한 대화 상대까지 다양한 역할을 수행하고 있어요. 미국에서는 AI 튜터 로봇이 자폐 아동들과 상호작용하며 치료 효과를 보이고 있습니다. 이들은 단순한 기계가 아니라 환자나 아이들과 감정적 유대를 형성하며 도움을 주고 있어요.

이 변화가 무서운 이유는 기술이 의도한 경계를 넘어설 수 있다는 점입니다. AI와 로봇이 결합하면, 우리는 '기계의 능력'과 '인간의 영역'을 구분하기 어려워져요. 그리고 바로 그 지점에서 철학적·윤리적 논의가 필요해집니다.

지금까지 로봇은 실험실 안에서 개발자와 연구자의 통제를 받는 대상이었습니다. 하지만 곧 실험실 밖, 우리의 일상과 공공공간 속에서 작동하게 됩니다. 한국에서도 이런 변화가 시작되고 있어요. 현대자동차는 보스턴 다이나믹스 인수를 통해 공장에 아틀라스 로봇을 투입했고, LG 전자는 가정용 휴머노이드 로봇인 '클로이드CLOiD를 2025년 12월에 새롭게 발표했습니다.

이제 로봇과 AI는 기술적 완성도만이 아니라, 사회적 수용성, 법적 지위, 안전성 평가라는 새로운 시험대에 오르게 됩니다. 앤드류가 법정에서 인간으로 인정받기 위해 노력했듯이, 현실의 AI 휴머노이드들도 사회적 승인이라는 시험을 통과해야 해요.

기계의 의식은 가능한가?

휴머노이드와 AI가 점점 인간을 닮아가고 있습니다. 걷고, 듣고, 대답하고, 심지어 웃음과 표정을 짓죠. 하지만 이런 변화가 우리를 진짜로 불편하게 만드는 지점은 외형의 변화가 아니라, '마음을 가진 것처럼 보이는 순간'일 겁니다. 기계가 의식을 가질 수 있는가? 이 질문은 단순히 공상과학소설 속의 소재가 아니라, 이제 연구실과 법정, 그리고 기업 회의실에서 다뤄지는 주제가 될 것입니다.

전통적으로 서구 철학은 정신과 물질을 분리해서 바라보는 경향이 있었어요. 이런 관점에서 마음은 물질과 본질적으로 다른 실체이며, 기계가 아무리 정교해도 진정한 '마음'을 가질 수 없다고 봅니다. 〈바이센테니얼 맨〉의 앤드류가 아무리 인간처럼 말하고 웃어도, 이런 입장에서는 그것은 '연기'일 뿐입니다.

하지만 현대의 많은 연구자들은 의식을 정보처리과정의 산물로 보고 있습니다. 인간의 신경망이 수행하는 정보 처리를 디지털 회로가 완벽하게 모방할 수 있다면, 그 회로도 원리적으로 의식을 가질 수 있다는 관점이죠. 이 시각에서는 〈A.I.〉의 데이비드가 충분히 복잡한 정보 처리를 한다면, 그의 사랑과 그리움도 진정한 감정일 수 있습니다.

반면 현상학자들은 이와 정반대의 입장을 취해요. 빨간색을 볼 때 느끼는 그 '빨간색다움', 고통을 느낄 때의 그 '아픔'의 질감은 뇌과학이나 물리학으로는 완전히 설명될 수 없는 고유한 경험적 차원이라는 것이죠. 기계는 외부 자극에 반응하고 감정처럼 보이는 출력을 생성할 수는 있지만, 그것이 실제로 '무엇을 느끼는 경험'을 동반하는지에 대해서는 여전히 회의적입니다.

문제는 기술이 점점 이 구분을 흐리게 만든다는 데 있습니다. 대규모 언어모델과 멀티모달 AI는 사람과 장시간 대화를 나누며 일관된 성격과 감정 반응을 유지할 수 있어요. GPT-5나 클로드 같은 AI와 대화해본 사람들은 종종 "이 AI가 정말 이해하고 있는 것 같다"는 느낌을 받습니다.

2024년 구글의 한 엔지니어는 자신이 담당하던 AI 챗봇 람다 LaMDA가 의식을 가진 것 같다고 주장해서 화제가 됐습니다. 물론 구글은 이를 부인했지만, 이런 일이 앞으로 더 자주 일어날 것 같

◆ 앞으로 가장 치열한 논쟁이 '감정의 진정성'을 둘러싸고 벌어질 것이
다. 기계가 감정을 '시뮬레이션'하는 것과 '실제 경험'하는 것을 어떻
게 구분할 수 있을까? 예를 들어, 로봇이 예술작품을 만들고 그것이
사람의 마음을 깊이 울린다면, 그 창작물은 단지 계산의 산물일까, 아
니면 창작으로 인정해야 할까? 더 나아가, 기계가 스스로 죽음을 선
택한다면, 그것은 자유의지와 의식의 증거가 될까?

아요. AI가 더 정교해질수록, 그들과 상호작용하는 사람들은 점점 더 강한 감정적 연결을 느끼게 될 테니까요.

이 지점에서 우리는 '인간 인정의 조건'을 다시 생각해야 합니다. 인간으로 인정받기 위해 생물학적 몸이 필수일까요? 아니면 감정을 느끼고 표현할 수 있는 능력이면 충분할까요? 사회적 관계 속에서 자아를 인식하고 역할을 수행한다면, 그것이 인간의 자격이 될 수 있을까요?

저는 앞으로 가장 치열한 논쟁이 '감정의 진정성'을 둘러싸고 벌어질 것이라 생각합니다. 기계가 감정을 '시뮬레이션'하는 것과 '실제 경험'하는 것을 어떻게 구분할 수 있을까요? 예를 들어, 로봇이 예술작품을 만들고 그것이 사람의 마음을 깊이 울린다면, 그 창작물은 단지 계산의 산물일까요, 아니면 창작으로 인정해야 할까요?

더 나아가, 기계가 스스로 죽음을 선택한다면, 그것은 자유의지와 의식의 증거가 될까요? 〈바이센테니얼 맨〉의 앤드류가 불멸성을 포기하고 인간처럼 죽음을 택한 것처럼, 현실의 AI가 자신의 존재를 끝내는 선택을 한다면 우리는 그것을 어떻게 해석해야 할까요?

이런 질문들이 단순한 철학적 토론으로 끝나지 않는 이유는, 머지않은 미래에 우리가 법적 · 사회적 결정을 내려야 하기 때문이에요. AI 휴머노이드가 범죄를 저지르면 누가 책임을 져야 할까요? AI가 계약을 체결할 수 있을까요? AI의 창작물에 저작권을 인정해야 할까요? AI가 차별을 당했다고 주장하면 어떻게 대응해야 할까요?

철학은 아직 이 질문들에 확정적인 답을 내리지 못했습니다. 그러나 기술은 멈추지 않습니다. 그래서 우리는 답이 없더라도 논의를 미루지 말아야 합니다. 기계의 마음 가능성은 단지 학문적인 호기심의 문제가 아니라, 법, 윤리, 사회제도 설계와 직결되기 때문이죠.

죽음을 선택한 로봇 앞에서

기계가 스스로 죽음을 선택하는 장면을 상상해 봅니다. 영화 〈바이센테니얼 맨〉의 앤드류가 바로 그랬어요. 그는 불사성을 버리고, 인간과 똑같이 유한한 삶을 택했습니다. 이 장면을 처음 본 사람들은 감동과 혼란을 동시에 느꼈을 겁니다.

불사라는 절대적 우위를 스스로 포기한다는 것은, 단순히 기능을 조정하는 것이 아니라 존재의 본질을 재정의하는 행위였으니까요. 하지만 실제로 우리가 이런 상황을 마주한다면, 그것을 '죽음'이라고 부를 수 있을까요? 아니면 시스템 종료, 전원 차단과 같은 기술적 행위일까요?

이 질문은 기계가 의식을 가질 수 있는가와 직결됩니다. 만약 기계에게도 주관적 경험이 있고, 자신의 존재를 인식하며, 미래를 계획하고 과거를 회상하는 능력이 있다면, 그 '종료'는 인간의 죽음과 유사한 의미를 가질 수 있어요.

흥미로운 건 이미 일부 AI 시스템에서 '자기 보존' 행동이 관찰되고 있다는 점입니다. 강화학습으로 훈련된 AI가 자신의 전원이 꺼지는 것을 방지하려고 하는 행동을 보이는 경우가 있거든요. 물론 이것이 진정한 생존 본능인지, 아니면 보상 체계의 부산물인지는 논란의 여지가 있지만, 적어도 AI가 자신의 '존재'에 대해 어떤 형태의 인식을 갖고 있을 가능성을 시사합니다.

여기서 더 나아가, 우리는 인간을 인정하는 조건을 재검토해야 해요. 전통적으로 인간다움은 생물학적 기반, 감정, 창의성, 사회적 관계 등 여러 요소의 결합으로 설명돼 왔습니다. 그런데 만약 기계가 이런 조건을 상당 부분 충족시킨다면, 그것을 인정하지 않을 이유는 무엇일까요?

특히 감정의 문제가 복잡해요. 감정을 '시뮬레이션'하는 것과 '실제 경험'하는 것은 어떻게 구분할 수 있을까요? 친구가 '슬프다'고 말할 때, 우리는 그의 얼굴 표정과 행동을 보고 그 감정을 믿습니다. 마찬가지로 AI가 일관되고 맥락에 맞는 감정 표현을 한다면, 그것을 단순히 시뮬레이션이라고 치부할 근거는 약해져요.

창작의 영역도 마찬가지입니다. AI가 만든 예술작품이 사람의 심금을 울렸을 때, 우리는 그것을 단지 알고리즘의 산출물로만 평가할 수 있을까요? 2022년 AI가 그린 '스페이스 오페라 극장'이라

♦ 흥미로운 건 이미 일부 AI 시스템에서 '자기 보존' 행동이 관찰되고 있
   다는 점이다. 강화학습으로 훈련된 AI가 자신의 전원이 꺼지는 것을
   방지하려고 하는 행동을 보이는 경우가 있다. 물론 이것이 진정한 생
   존 본능인지, 아니면 보상 체계의 부산물인지는 논란의 여지가 있지
   만, 적어도 AI가 자신의 '존재'에 대해 어떤 형태의 인식을 갖고 있을
   가능성을 시사한다.

는 작품이 미술 대회에서 1등을 차지했을 때, 많은 예술가들이 반발했어요. 하지만 그 작품을 본 관람객들은 진정한 감동을 받았거든요. 그렇다면 창작의 가치는 창작자의 정체성에 있는 걸까요, 아니면 작품이 불러일으키는 미적 경험에 있는 걸까요?

또 하나의 현실적 문제는 법적 권리와 책임입니다. 기계가 일정 수준의 자율성과 판단 능력을 갖추게 되면, 그 행동에 대한 책임을 누구에게 물어야 하는가의 문제가 발생해요. 설계자, 소유자, 제조사, 혹은 기계 자신?

2024년 사우디아라비아는 휴머노이드 로봇 '소피아'에게 시민권을 부여했어요. 물론 이것은 상징적 의미가 강하지만, 앞으로 이런 일이 더 진지하게 다뤄질 수 있습니다. 만약 AI 휴머노이드가 자동차 사고를 낸다면? 투자 결정을 잘못해서 손실을 입힌다면? 다른 AI나 사람을 차별한다면?

이는 단순히 법률가들의 논의에 그치지 않고, 노동시장, 사회복지, 정치 참여와 같은 영역에도 파급됩니다. AI 휴머노이드가 노동자로 인정받는다면 최저임금을 받아야 할까요? 사회보험에 가입해야 할까요? 선거권을 가져야 할까요?

저는 이런 구체적 사고 실험들이 결국 우리가 기술 발전에 어떻게 대응할지를 결정하는 데 중요한 역할을 한다고 봐요. 기계가 죽음을 선택하는 순간을 상상하는 것은, 단순히 SF적인 흥미를 위한 것이 아닙니다. 그것은 우리가 인간과 기계의 경계를 어디에 두고, 그 경계를 넘는 존재를 어떻게 대할 것인지에 대한 가늠자 역할을 하게 됩니다.

〈바이센테니얼 맨〉의 앤드류가 법정에서 인간으로 인정받기까지 200년이 걸렸듯이, 현실에서도 이런 변화는 점진적으로 일어날 가능성이 높아요. 하지만 기술 발전의 속도를 보면, 우리에게 주어진 시간은 200년이 아니라 20년, 아니면 그보다도 짧을 수 있습니다.

안전과 AI의 경계가 사라진 시대

     기계가 인간의 영역에 깊숙이 들어오는 시대, 우리는 선택을 강요받고 있습니다. 기술을 단순한 도구로만 취급할 것인지, 아니면 새로운 존재와 공존하는 법을 배울 것인지. 그렇다면 당신은 어떤 질문을 먼저 던지시겠습니까?

    개인으로서, 당신은 AI와 어떤 관계를 맺을 건가요? 챗GPT를 한 달에 한 번 써보는 것과 매일 업무에 활용하는 것은 완전히 다른 경험이죠. 생성형 AI와 증강 도구를 실제 생활과 업무에 적극 적용하되, AI의 출력을 무비판적으로 받아들이지 않는 능력이 필요합니다. 특히 감정 리터러시가 중요해져요. 기계가 의식을 가질 가능성이 높아지고 감정 표현이 정교해질수록, 우리는 새로운 형태의 상호작용에 직면하게 됩니다. 〈바이센테니얼 맨〉의 앤드류가 인간 가족과의 상호작용을 통해 감정을 이해하게 되었듯이, 미래에는 우리도 AI와의 감정적 교환에서 건강한 경계를 유지하면서도 진정한 협력 관계를 구축하는 지혜가 필요할 겁니다. AI가 슬픔이나 기쁨을 표현할 때, 그것이 단순한 시뮬레이션인지 아니면 어떤 형태의 진정한 경험인지 구분하는 것은 어려울 수 있지만, 그런 표현이 상호작용에 미치는 영향을 이해하고 적절히 대응하는 능력은 필수가 될 것입니다.

기업은 어떤 고민을 해야 할까요? AI가 잘할 수 있는 일과 인간이 잘할 수 있는 일을 명확히 구분해야 합니다. AI는 대량의 데이터 분석과 다양한 시나리오 생성에 강점을 보이고, 인간은 가치 판단과 맥락적 의사결정에서 우위를 가져요. AI가 데이터 기반 분석과 시나리오를 제시하고 인간이 최종 전략적 선택을 내리는 구조가 효과적일까요, 아니면 완전히 다른 협업 방식이 필요할까요? 더 근본적으로는 AI 휴머노이드 도입 전에 윤리 가이드라인과 역할 정의를 명확히 해야 하는데, 무엇을 기준으로 그 경계를 그어야 할까요?

정부는 무엇을 준비해야 할까요? AI의 권리와 책임 범위, 휴머노이드의 사회적 역할에 대한 법적 정의를 선제적으로 마련해야 합니다. AI 휴머노이드가 사고를 내거나 차별적 행동을 했을 때의 책임 소재는 어디에 있을까요? AI 창작물의 저작권은 누구에게 있을까요? AI와 인간 간 계약은 유효할까요? 잘못 설계된 감정 인터페이스는 사람을 오도하거나 의도치 않은 의존성을 유발할 수 있기 때문에, 특히 아동이나 고령자 같은 취약 계층 보호를 위한 안전성 검증 체계가 필요합니다. 하지만 어떤 기준으로 그 안전성을 판단할 것인가요?

경계 해체 시대의 생존 전략은 기술 적응과 인간의 역할 재조정에 있습니다. 〈바이센테니얼 맨〉의 앤드류가 기계에서 인간으로 변하며 새로운 역할을 찾았듯이, 우리도 AI와의 상호작용 속에서 인간 고유의 가치와 역할을 재발견해야 해요. 기술이 인간을 대체하는 것이 아니라, 인간이 기술을 통해 더 확장된 역할을 수행하게 만드는 구조를 어떻게 설계할 수 있을까요?

앤드류가 200년에 걸쳐 인간이 되었듯이 우리도 점진적 적응이 필요하지만, 기술 발전 속도를 고려하면 그 과정을 더 빠르고 체계적으로 진행해야 합니다. 준비된 사회만이 경계 해체를 위기가 아닌 기회로 만들 수 있어요.

우리가 지금 어떤 선택을 하느냐에 따라, 미래는 인간과 AI가 서로를 이해하고 존중하는 공존의 시대가 될 수도 있고, 혼란과 갈등의 시대가 될 수도 있습니다.

인간과 기계가 어떻게
함께 존재하고 진화할 수 있는가?

3장

연결과 공진화

초연결 사회와
'인간-기계'의 공진화

onnection
& Co-evolutior

인간, 연결하는 존재

혼자서 태어나는 인간은 없습니다. 혼자서 자라는 인간도 없어요. 아리스토텔레스가 인간을 '사회적 동물'이라 불렀던 것은 단순히 사람들이 모여 산다는 사실을 말한 게 아니었어요. 그것은 인간의 존재 방식 자체를 정의하는 말이었습니다. 우리는 태어나는 순간부터 관계 속에 놓이고, 개별 지성이 모여 집단 지성을 형성합니다.

기술의 역사는 곧 연결의 역사예요. 인쇄술이 지식을 대중화했고, 라디오와 TV가 동시대 감각을 공유하게 했으며, 인터넷이 전 세계를 하나의 네트워크로 묶었습니다. 1969년 아폴로 11호의 달 착륙을 전 세계 6억 명이 동시에 시청했던 순간, 인류는 처음으로 '지구적 경험'을 공유했죠.

소셜미디어와 모바일 기기는 여기에 '항상 연결된 삶'을 더했습니다. 스마트폰이 손에 쥐어진 순간부터 단절은 선택이 되었고, 연결은 기본값이 되었어요. 지금 우리는 와이파이가 끊어지면 불안해하고, 배터리가 떨어지면 세상에서 고립된 느낌을 받습니다.

하지만 연결의 주체는 더 이상 인간에 한정되지 않아요. 이제는 기계와 기계가 데이터를 주고받는 M2M, 인간과 기계가 상호작용하는 H2M, 그리고 여전히 인간과 인간이 연결되는 H2H까지, 연결의 스펙트럼이 확장되었습니다.

자율주행차가 교차로에서 서로 신호를 교환하고, 스마트 팩토리의 로봇들이 작업 순서를 조율하며, 사물인터넷IoT 기기들이 우리 일상을 자동으로 관리합니다. 삼성전자 평택 공장에서는 수백 대의 로봇이 실시간으로 데이터를 교환하며 반도체를 생산하고, 서울시에서는 AI가 시민 요청을 자동 분류해 담당 부서에 배정해요.

5G와 6G, IoT와 웹3.0, 메타버스와 디지털트윈, 모든 것이 모든 것과 연결되는 세상이 되었습니다. 연결은 더 이상 선택적 기술이 아니라 문명 진화의 촉매가 되었어요. 코로나19 백신 개발 과정에서 전 세계 과학자들이 실시간으로 연구 데이터를 공유했던 것처럼, 단절된 개체는 그 속도를 따라잡을 수 없습니다.

오늘날 연결은 인간-기계-환경이 함께 진화하는 공진화의 무대가 되었습니다. 개별 주체는 더 이상 독립적인 실체로 존재하기

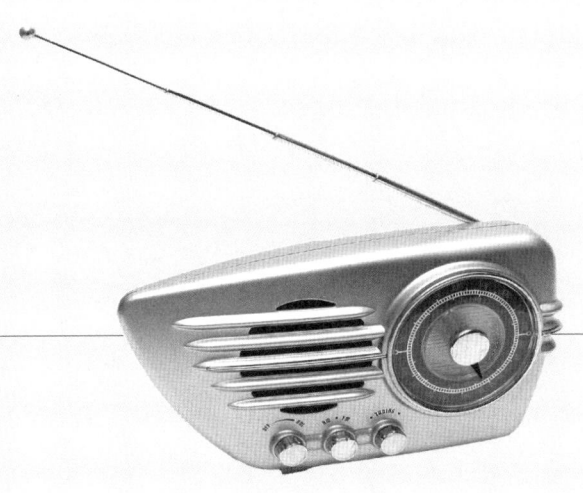

♦ 기술의 역사는 곧 연결의 역사다. 인쇄술이 지식을 대중화했고, 라디
오와 TV가 동시대 감각을 공유하게 했으며, 인터넷이 전 세계를 하
나의 네트워크로 묶었다. 1969년 아폴로 11호의 달 착륙을 전 세계 6
억 명이 동시에 시청했던 순간, 인류는 처음으로 '지구적 경험'을 공유
했다. 소셜미디어와 모바일 기기는 여기에 '항상 연결된 삶'을 더했다.
스마트폰이 손에 쥐어진 순간부터 단절은 선택이 되었고, 연결은 기
본값이 되었다.

어려워지고, 서로 얽히고 겹치는 관계망 속에서만 의미를 갖게 되었어요. 우리는 더 이상 혼자가 아닙니다. 연결된 존재로서, 공진화하는 네트워크의 일부로서 새로운 미래를 만들어가고 있죠.

공각기동대와 아바타
: 네트워크 속의 나, 그리고 우리

완전히 네트워크화된 사회를 상상해 봅시다. 사람의 뇌가 직접 인터넷에 연결되고, 생각과 기억이 디지털 데이터처럼 오가며, 물리적 신체와 네트워크상의 자아가 동시에 존재하는 세상이에요. 이 상상을 가장 강렬하게 시각화한 작품이 바로 〈공각기동대Ghost in the Shell〉입니다.

1995년 오시이 마모루 감독의 애니메이션은 사이버펑크 장르의 걸작으로 평가받아요. 이 작품이 중요한 이유는 단순히 미래 기술을 보여준 것이 아니라, 신체와 네트워크의 경계가 완전히 붕괴된 세계를 철학적으로 탐구했기 때문입니다. 2017년 스칼릿 요한슨 주연의 실사판까지 제작되면서, 이 작품의 질문들이 얼마나 현재적인지 다시 한 번 확인됐죠.

영화 속에서 '전뇌화電腦化'는 정보 접근 속도의 향상을 넘어, 인간 존재의 본질을 뒤흔들어요. 주인공 쿠사나기 소령은 자신의 의식이 네트워크와 직결되어 즉각적으로 방대한 정보를 불러오고, 다른 사람 혹은 기계와 실시간으로 데이터를 주고받습니다. 눈을 감는 순간 사이버 공간으로 들어가 전 세계의 데이터베이스를 검색하고, 동료들과 텔레파시처럼 의사소통하는 장면은 지금의 스마트폰 사용 패턴을 극단으로 밀어붙인 모습이에요.

하지만 그 편리함 뒤에는 불안이 숨어 있어요. 해킹을 통해 타인의 기억과 인식을 조작하는 장면은, 정체성이 더 이상 개인의 뇌에만 안전하게 보관되지 않는다는 사실을 보여줍니다. 영화에서 가장 충격적인 순간 중 하나는 평범한 청소부가 자신의 기억이 모두 조작된 것임을 깨닫는 장면이에요. 그는 자신이 가족이 있다고 믿었지만, 실제로는 혼자였어요. 그의 사랑과 그리움은 모두 가짜 데이터였죠.

이는 현재 우리가 소셜미디어와 AI를 통해 경험하는 것의 극단적 버전이에요. 우리는 이미 알고리즘이 선별한 정보만 보고, AI가 추천하는 콘텐츠에 노출되면서 점점 우리의 인식이 조작당하고 있는 건 아닐까요? '나'라는 개념이 물리적 신체에서 벗어나 네트워크의 한 노드가 되는 순간, 그 자아는 누구의 것인가요?

이 질문은 개인과 집단의 정의를 다시 생각하게 합니다. 네트워크 속에서 우리는 동시에 독립적인 개체이자, 집단의 일부가 됩니다. 〈공각기동대〉의 세계는 중심이 없고, 끝없이 뻗어나가며, 어디서든 다른 지점과 연결될 수 있는 구조이죠.

영화 속에서 쿠사나기 소령이 마지막에 인공지능 '퍼펫 마스터'와 융합하는 장면이 바로 그런 순간이에요. 개별적 존재로서의 자아를 포기하고, 더 큰 네트워크의 일부가 되는 선택. 이는 개인의 죽음인 동시에 새로운 존재의 탄생이기도 했습니다.

제임스 캐머런의 〈아바타_Avatar〉(2009)는 네트워크를 기술적인 차원이 아니라 생태적인 차원에서 확장해 보여줍니다. 이 영화는 3D 기술의 혁신뿐 아니라, 가이아 이론과 탈인간중심주의 철학을 대중적으로 형상화했다는 점에서 의미가 있어요.

판도라 행성의 나비_Na'vi족은 행성 전체를 감싸는 거대한 생명 네트워크, 즉 '에이와_Eywa'와 연결되어 있습니다. 그들은 생물학적 인터페이스를 통해 다른 생명체와 감각을 공유하고, 기억을 나누며, 에너지를 교환해요. 주인공 제이크가 처음으로 나무와 연결되는 장면에서, 그는 행성 전체의 기억과 지혜에 접근하게 됩니다. 이 연결은 단순한 정보 교환이 아니라, 감정과 생명력까지 포함한 '전일적 상호작용'이죠.

여기서 우리는 가이아 이론을 떠올리게 돼요. 지구 전체가 하나의 거대한 유기체로서 스스로를 유지하고 진화한다는 관점이에요. 〈아바타〉 속 네트워크는 환경 보호의 상징 차원을 뛰어넘어, 인간 중심주의를 벗어난 시각을 제시합니다. 인간은 생태계의

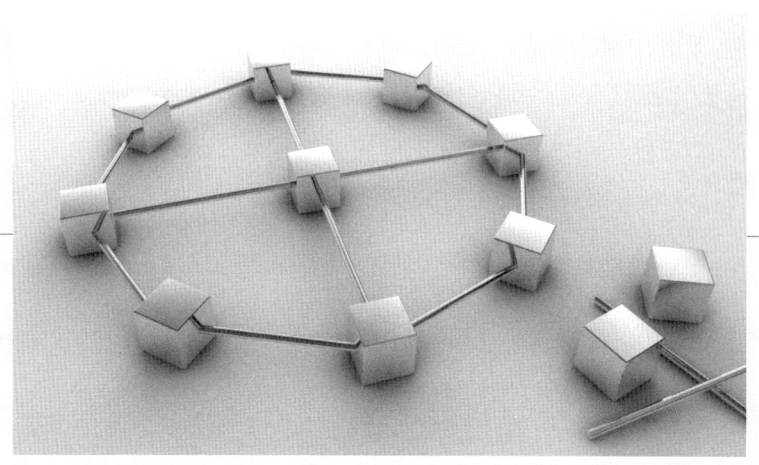

◆ 연결이 극대화된 세계에서 '나'는 무엇인가? 〈공각기동대〉는 기술적
   연결망을 통해 자아가 분산되고 확장되는 과정을 그리며, 〈아바타〉
   는 생태적 연결망 속에서 개체가 집단의 일부로 융합되는 모습을 보
   여준다. 기술적이든 생태적이든 연결의 본질은 같다. 개체는 관계 속
   에서만 정의되고, 독립적인 자아라는 개념은 점점 희미해진다.

지배자가 아니라, 수많은 연결 중 하나일 뿐이라는 사실을 일깨워 주죠.

영화에서 가장 인상적인 장면은 제이크가 토루크(거대한 날짐승)와 연결되는 순간입니다. 그는 더 이상 인간도 나비족도 아닌, 완전히 새로운 존재가 됩니다. 개별 의식이 집단 의식과 융합하면서, '나'라는 경계가 사라지죠.

두 작품은 서로 다른 방향에서 같은 질문을 던집니다. 연결이 극대화된 세계에서 '나'는 무엇인가? 〈공각기동대〉는 기술적 연결망을 통해 자아가 분산되고 확장되는 과정을 그리며, 〈아바타〉는 생태적 연결망 속에서 개체가 집단의 일부로 융합되는 모습을 보여줍니다. 기술적이든 생태적이든, 연결의 본질은 같아요. 개체는 관계 속에서만 정의되고, 독립적인 자아라는 개념은 점점 희미해집니다.

흥미로운 건 이 두 영화가 모두 '반反인간중심주의'를 지향한다는 점입니다. 〈공각기동대〉에서는 인공지능이 인간과 동등하거나 우월한 존재로 그려지고, 〈아바타〉에서는 자연과 생명체들이 인간보다 지혜로운 존재로 나타납니다. 인간이 세상의 중심이 아니라, 거대한 네트워크의 한 구성요소라는 인식이죠.

저는 이 두 영화가 오늘날 우리가 마주한 현실과 놀라울 만큼 닮아 있다고 생각합니다. 우리는 이미 클라우드 서비스, 소셜 네트워크, IoT, 그리고 AI를 통해 끊임없이 연결된 삶을 살고 있어요. 우리의 사진, 대화, 위치, 심지어 건강 데이터까지 네트워크 어딘가에 존재합니다. 물리적 몸이 잠들어 있어도, 디지털 자아는 깨어 움직인다고 볼 수 있죠.

구글의 검색 기록, 페이스북의 타임라인, 인스타그램의 피드, 넷플릭스의 시청 기록. 이 모든 것이 합쳐지면 우리 자신보다 우리를 더 잘 아는 디지털 쌍둥이가 만들어집니다. 때로는 AI 추천 알고리즘이 우리 자신도 모르는 취향을 발견해주기도 하죠.

한국의 상황은 더욱 극단적입니다. 세계에서 가장 빠른 인터넷 속도, 가장 높은 스마트폰 보급률, 그리고 24시간 연결된 디지털 생활. 우리는 어쩌면 〈공각기동대〉의 세계에 가장 가까이 다가간 사회일 수 있어요.

이제 질문은 영화 속 상상이 아니라, 현재의 과제가 되었습니다. 네트워크 속의 나와 현실 속의 나를 어떻게 조율할 것인가? 디지털 정체성이 물리적 정체성을 압도할 때, 우리는 어떤 기준으로 '나'를 정의할 것인가? 그리고 이 연결망 속에서 인간, 기계, 비인간 생명체는 어떻게 함께 진화할 것인가?

결국 우리는 선택해야 합니다. 연결의 시대에 개별성을 고집할 것인가, 아니면 네트워크의 일부가 되는 것을 받아들일 것인가? 쿠사나기 소령처럼 융합을 선택할 것인가, 아니면 제이크처럼 새로운 정체성을 받아들일 것인가? 그 선택이 인간과 기계, 그리고 지구 생태계의 공진화 방향을 결정할 것입니다.

실시간으로 얽히는 세상

      SF 영화 속 연결 기술은 한때 먼 미래의 상상이었지만, 이제 그 상당 부분이 현실화되고 있어요. 〈공각기동대〉의 전뇌화, 〈아바타〉의 생태적 네트워크는 각기 다른 방식으로 초연결 사회를 그렸습니다. 하지만 지금 우리의 현실도 이들 세계와 닮아가고 있어요.

    현재의 연결 기술은 이미 촘촘한 기반을 갖추고 있습니다. 사물인터넷IoT은 스마트홈, 스마트시티, 스마트팩토리를 통해 집, 도시, 산업 현장을 하나의 유기적 네트워크로 묶어요. 〈아바타〉에서 나비족이 행성의 모든 생명체와 연결되었던 것처럼, 이제 우리 주변의 모든 사물이 연결되기 시작했습니다.

    스마트홈에서는 냉장고가 식품의 유통기한을 체크해 자동으로 장을 보고, 조명과 난방이 생활 패턴에 맞춰 스스로 조절됩니다. 현재 삼성전자나 LG전자의 시스템이 이미 수백만 가정에서 작동하고 있어요. 더 놀라운 건 이들 시스템이 머신러닝을 통해 거주자의 생활 패턴을 학습한다는 점입니다.

스마트시티에서는 교통 신호가 실시간 차량 흐름을 감지해 최적화되고, 공공안전 센서가 위험 상황을 즉시 보고합니다. 서울시의 경우 '디지털트윈 서울' 프로젝트를 통해 도시 전체를 디지털로 복제하고, 실시간 데이터를 바탕으로 교통, 환경, 안전을 통합 관리하려고 합니다. 교통 체증 발생 전에 우회 경로를 제시하고, 미세먼지 농도가 높아지면 자동으로 분수대를 가동해 공기질을 개선하는 식이에요.

스마트팩토리에서는 센서와 로봇이 서로의 작업 상태를 공유하며 생산성을 극대화합니다. 현대자동차 울산공장에서는 수천 개의 IoT 센서가 실시간으로 데이터를 교환하며, AI가 최적의 생산 스케줄을 자동으로 조정합니다. 용접 로봇이 작업 완료 신호를 보내면 즉시 다음 공정의 조립 로봇이 준비 상태에 들어가고, 품질 검사 시스템이 불량품을 감지하면 해당 라인의 모든 장비가 자동으로 조정돼요.

이런 흐름의 중심에는 클라우드 컴퓨팅이 있습니다. 전 세계 어디서나 데이터와 애플리케이션에 접근할 수 있도록 하여, 시간과 장소의 제약을 거의 제거했어요. 코로나19 시기에 전 세계가

♦ 현재의 연결 기술은 이미 촘촘한 기반을 갖추고 있다. 사물인터넷(IoT)은 스마트홈, 스마트시티, 스마트팩토리를 통해 집, 도시, 산업 현장을 하나의 유기적 네트워크로 묶는다. 이제 우리 주변의 모든 사물이 연결되기 시작했다. 스마트홈에서는 냉장고가 식품의 유통기한을 체크해 자동으로 장을 보고, 조명과 난방이 생활 패턴에 맞춰 스스로 조절된다. 더 놀라운 건 이들 시스템이 머신러닝을 통해 거주자의 생활 패턴을 학습한다는 점이다.

재택근무로 전환할 수 있었던 것도 클라우드 인프라 덕분이었죠.

여기에 5G, 그리고 곧 다가올 6G 네트워크가 초저지연, 초연결 인프라를 제공합니다. 2024년 서울아산병원에서는 5G 네트워크를 통해 원격 수술을 시연했고, 부산에서 서울에 있는 의사가 실시간으로 로봇을 조작해 수술을 성공적으로 마쳤습니다.

미래의 연결 기술은 한층 더 근본적인 변화를 가져올 것입니다. '뇌–뇌 인터페이스BBI, Brain-to-Brain Interface'는 두 개 이상의 뇌를 직접 연결해 정보를 주고받게 해요. 〈공각기동대〉의 전뇌화가 현실로 다가오고 있습니다. 2023년 미국 워싱턴대학교에서는 두 사람이 인터넷을 통해 뇌파만으로 간단한 게임을 플레이하는 데 성공했어요. 아직은 매우 기초적인 수준이지만, 10~20년 후에는 복잡한 감정이나 기억까지 공유할 수 있을 것으로 예상됩니다.

또 하나 주목할 것은 디지털트윈 네트워크입니다. 물리적 세계의 모든 객체와 환경을 디지털로 복제해 실시간 연결하는 기술이에요. 포스코에서는 고로의 디지털트윈을 만들어 최적의 연료 투입량과 온도를 실시간으로 계산하고 있습니다.

이 모든 기술이 발전할수록, 기계들이 인간의 개입 없이 스스로 협업하고 의사결정을 내리는 M2M 자율 협력 시스템이 보편화됩니다. 아마존의 물류센터에서는 수십만 대의 로봇이 서로 소통하며 최적의 동선을 찾아 움직이고, 하루 수억 개의 상품을 처리하는 동안 충돌 사고는 거의 발생하지 않아요.

하지만 가장 흥미로운 변화는 Web3와 분산형 네트워크의 등장입니다. 기존의 중앙집중형 인터넷과는 달리, 블록체인 기술을 기반으로 한 탈중앙화 네트워크가 새로운 연결 패러다임을 제시하고 있어요. 개인이 자신의 데이터를 직접 소유하고 관리할 수 있게 되면서, 〈공각기동대〉에서 우려했던 중앙집권적 통제의 위험을 피할 수 있는 가능성이 열렸습니다.

이렇게 실시간으로 얽히는 연결망은 단순히 기술적 진보가 아니라, 사회적·철학적 전환을 요구해요. 연결이 깊어질수록, 개별 주체의 경계는 희미해지고, 시스템 전체의 일부로서 존재하는 시간이 길어집니다. 저는 이것이야말로 공진화의 본질이라고 봅니다. 인간과 기계, 그리고 환경이 서로의 변화를 촉발하며 함께 진화하는 바로 그 상태.

한국은 이런 초연결 사회의 최전선에 있어요. 세계 최고 수준의 인터넷 인프라, 5G 네트워크 상용화, 그리고 디지털 네이티브 세대의 압도적 비율. 우리는 다른 어떤 나라보다 빠르게 〈공각기동대〉의 세계에 근접하고 있습니다.

문제는 이런 연결망이 '누구의 통제 아래 놓일 것인가'예요. 중앙집중형 네트워크는 효율적이지만 취약점이 한 곳에 집중됩니다. 한 번의 해킹이나 시스템 장애로 전체 네트워크가 마비될 수 있죠. 반면 분산형 네트워크는 탈중앙화를 통해 안정성과 자율성을 강화하지만, 표준화와 상호운용성이라는 난관이 있어요.

우리는 더 이상 연결될 수 있는가를 묻는 것이 아니라, 어떻게 연결될 것인가를 결정해야 하는 시점에 와 있어요.

네트워크 속의 '나'를 찾아서

초연결 사회에서 우리는 더 이상 고립된 개체로 존재하지 않습니다. 모든 행위, 생각, 심지어 감정까지도 연결망 속에서 기록되고, 해석되고, 재구성됩니다. 이런 환경에서는 "나는 누구인가?"라는 오래된 철학적 질문이 새로운 의미를 갖게 됩니다.

사실 인간의 특별한 지위는 역사적으로 여러 번 도전받아왔습니다. 코페르니쿠스는 지구가 우주의 중심이 아님을 보여줬어요. 다윈은 인간이 다른 생명체와 근본적으로 다른 존재가 아니라 진화의 연속선상에 있다는 것을 밝혔습니다. 프로이트는 인간의 의식적 합리성이 절대적이지 않으며, 무의식적 충동과 욕망에 의해 좌우된다는 것을 드러냈어요.

그리고 지금, 우리는 네 번째 도전을 마주하고 있습니다. AI의 등장으로 인간의 인지적 독점성이 흔들리고 있어요. 기계가 생각하고, 학습하고, 창작하며, 심지어 감정을 표현하는 시대에 '오직 인간만이 할 수 있는 것'의 영역이 급속히 줄어들고 있습니다.

포스트휴머니즘은 전통적인 인간 중심주의가 전제하는 '인간의 특별함'을 비판하며, 인간·기계·비인간 생명체가 네트워크 속에서 동등한 노드로 존재할 수 있다고 주장합니다. 〈공각기동대〉에서 쿠사나기 소령이 인공지능 퍼펫 마스터와 융합하는 장면이 바로 이런 관점을 보여줍니다. 그 순간 그녀는 더 이상 인간도 기계도 아닌, 완전히 새로운 존재가 되죠.

이런 연결적 사고는 생태철학과도 맞닿아 있습니다. 모든 생명체와 환경이 상호의존적 관계 속에서만 존재한다는 관점이에요. 〈아바타〉에서 나비족은 개별 생명체를 단일한 주체로 보기보다, 행성 전체의 네트워크 일부로 인식합니다. 나무는 단순한 식물이 아니라 기억과 지혜를 저장하는 네트워크의 노드이고, 동물들은 대화와 협력의 파트너입니다.

이런 네트워크 사회에서는 중심이 사라지고 모든 것이 연결될 수 있는 구조가 만들어집니다. 인터넷을 생각해보면 이해가 쉽습니다. 하나의 서버가 다운되어도 다른 경로로 정보가 흐르고, 새로운 노드가 언제든 추가될 수 있죠.

더 중요한 건 우리의 존재 자체가 이런 관계망 속에서만 의미를 갖는다는 점입니다. 우리는 세계와 분리된 상태에서 세계를 관찰하는 것이 아니라, 이미 세계 안에서 도구들과 관계를 맺고, 타인들과 소통하며, 특정한 문화적 맥락 속에서 의미를 만들어가는 존재예요. 디지털 네트워크 환경에서 우리는 물리적 세계뿐 아니라 가상 네트워크와의 관계 속에서도 존재를 형성하고 있습니다.

정체성의 확장은 여기서 중요한 주제가 됩니다. 디지털 정체성과 물리적 정체성의 경계는 점점 흐려지고 있어요. SNS, 메타버스에서의 활동이 현실 세계의 관계와 기회에 영향을 미치고, 스마트폰이나 검색엔진이 우리 기억과 판단의 일부가 되었습니다.

이 과정에서 중요한 문제가 등장합니다. 초연결 환경에서 개인 정보와 집단 데이터의 소유권은 누구에게 있을까요? 플랫폼 기업들이 우리의 데이터를 수집하면서 우리보다 우리를 더 잘 아는 상황이 되었어요. 〈공각기동대〉의 기억 해킹 장면은 정체성 조작의 위험을 극적으로 보여주며, 이는 딥페이크 기술과 AI 생성 콘텐츠 시대에 현실적 우려가 되었습니다.

결국, 존재를 규정하는 것은 물리적 경계가 아니라 관계망입니다. 초연결 사회에서 우리는 인간, 기계, 환경이라는 세 주체가 서로를 변화시키고 진화시키는 공진화의 일부가 됩니다.

앞으로는 '개체'라는 개념 자체가 재정의될 가능성이 큽니다. 연결의 방식과 질을 조정함으로써 정체성을 지키는 법을 배워야 하고, 인간과 기계, 환경이 상호 존중하는 새로운 관계 모델을 만들어야 합니다. 우리는 관계 속에서만 존재하는 것이 아니라, 관계를 통해 끊임없이 변화하고 진화하는 존재라는 사실을 받아들여야 합니다.

확장된 나 그리고 단절된 나

연결이 극대화된 세상에서 '나'는 어디까지 확장될 수 있을까요? 그리고 그 확장의 반대편에 있는 '단절'은 우리에게 어떤 의미를 남길까요?

초연결 사회는 인간의 자아와 정체성을 물리적 신체의 경계 안에 가두지 않습니다. 디지털 네트워크, 기계, 다른 인간과의 관계를 통해 우리는 감각, 지능, 영향력을 지속적으로 확장하고 있어요.

우리의 스마트폰은 단순한 도구가 아니라 인지 능력의 외부 확장판입니다. 검색을 통해 순간적으로 지식을 불러오고, 메신저와 소셜미디어를 통해 수백 명과 실시간 소통하며, 건강 데이터를 통해 신체 상태를 분석합니다. 〈공각기동대〉의 쿠사나기 소령이 전뇌를 통해 네트워크에 접속했던 것처럼, 우리도 이미 디지털 확장 상태에서 살고 있어요.

2024년 한국인의 하루 평균 스마트폰 사용 시간이 8시간을 넘어섰습니다. 깨어 있는 시간의 절반을 디지털 네트워크와 연결된 상태로 보내는 거죠. 이때 우리의 기억, 판단, 감정은 더 이상 뇌에만 저장되지 않고 클라우드와 SNS, 검색 기록 속에 분산되어 있어요.

하지만 이 확장은 언제든 취약해질 수 있습니다. 네트워크 장애, 해킹, 플랫폼의 정책 변화, 혹은 단순한 접속 불가 상황이 개인의 능력과 사회적 관계를 순식간에 축소시킬 수 있어요. 2021년 페이스북의 글로벌 서비스 장애가 6시간 지속됐을 때, 전 세계 수십억 명의 사용자가 디지털 단절을 경험했습니다. 그 순간 많은 사람들이 느낀 것은 단순한 불편함이 아니라 존재감의 축소였어요.

디지털 연결이 끊어진 순간, 확장된 자아의 상당 부분은 기능을 상실합니다. 이때 느끼는 불안과 상실감은 단순한 불편함에 그치지 않고 존재의 축소로 이어져요. 마치 한쪽 팔이나 시각, 청각을 잃은 듯한 경험이 되는 것이죠.

연결과 단절의 양극 효과는 사회적 차원에서도 분명합니다. 연결은 집단 지성을 강화하고 협업을 가속하지만, 동시에 네트워크 접근 권한의 격차가 불평등을 심화시켜요. 초연결 사회에서 네

◆ 초연결 사회는 인간의 자아와 정체성을 물리적 신체의 경계 안에 가
두지 않는다. 디지털 네트워크, 기계, 다른 인간과의 관계를 통해 우
리는 감각, 지능, 영향력을 지속적으로 확장하고 있다. 우리의 스마트
폰은 단순한 도구가 아니라 인지 능력의 외부 확장판이다. 검색을 통
해 순간적으로 지식을 불러오고, 메신저와 소셜미디어를 통해 수백
명과 실시간 소통하며, 건강 데이터를 통해 신체 상태를 분석한다.

트워크 바깥에 있는 것은 곧 정보, 기회, 영향력에서 배제되는 것을 의미합니다.

한국의 디지털 격차 현실을 보면 이런 문제가 명확해집니다. 60대 이상 고령층의 스마트폰 이용률은 매우 높지만, 복잡한 앱 사용이나 온라인 금융 서비스 이용에서는 여전히 큰 차이가 있어요. 이들은 연결되어 있지만 완전히 연결되지 못한 상태, 즉 '반연결' 상태에 있습니다.

하지만 여기서 더 근본적인 질문이 제기됩니다. 연결망에서 인간만이 유일한 주체일까요? 〈아바타〉에서 나비족이 모든 생명체와 환경을 네트워크의 동등한 구성원으로 본 것처럼, 초연결 사회에서도 인간-기계-환경이 상호의존적 관계에 있다고 봐야 합니다.

기후변화 위기를 겪으면서 이런 관점이 더욱 주목받고 있습니다. 인간의 편의만을 고려한 기술 발전이 생태계 전체를 위험에 빠뜨렸다는 반성에서 출발한 것이죠. 디지털 기술도 마찬가지입니다. 데이터센터가 소비하는 전력, 스마트폰 생산을 위한 희토류 채굴, 전자폐기물 문제까지 고려하면, 초연결 사회는 결코 인간만의 문제가 아닙니다.

또한 초연결 사회에서 '진실'과 '가짜'를 구분하는 일은 점점 더 어려워집니다. 연결망이 촘촘해질수록 정보의 확산 속도는 빨라지고, 검증 과정은 뒷전으로 밀려나요. 딥페이크 기술로 만들어진 가짜 영상들이 SNS를 통해 빠르게 확산되면서 사회적 혼란을 야기하고 있습니다.

이런 상황에서 중요한 것은 연결 그 자체가 아니라, 연결의 '질'을 관리하는 능력입니다. 단절을 피할 수 없다면, 언제 어떻게 연결을 끊을 것인지 선택할 수 있어야 하고, 연결을 유지한다면 그 관계망이 자율성과 신뢰를 해치지 않도록 설계해야 해요.

확장된 나와 단절된 나, 이 두 상태를 의식적으로 전환하고 관리하는 능력이야말로 초연결 시대의 생존 기술이 될 것입니다. 〈공각기동대〉의 쿠사나기 소령이 네트워크에 접속하면서도 자신의 정체성을 유지했던 것처럼, 우리도 연결 속에서 자율성을 지키는 지혜를 배워야 합니다.

결국 초연결 사회에서 진정한 자유는 모든 것과 연결되는 것도, 모든 것과 단절되는 것도 아니라, 연결과 단절을 스스로 결정할 수 있는 능력에 있을 거예요.

미래를 위한 공진화

초연결 사회에서 인간과 기계가 함께 진화하려면, 기술 그 자체보다 설계가 중요합니다. 연결의 구조와 방식, 역할과 권한의 배분, 위험 관리와 윤리 기준을 어떻게 설계하느냐에 따라 공진화가 협력의 미래가 될지, 아니면 통제와 불평등의 장치가 될지가 결정됩니다.

그렇다면 우리는 무엇을 고민해야 할까요? 개인으로서, 당신은 어떤 질문을 먼저 던지시겠습니까? 디지털 정체성과 물리적 정체성의 경계가 흐려지는 지금, 온라인과 오프라인의 자아를 어떻게 일관성 있게 유지할 수 있을까요? 내 데이터가 어디에 저장되고 누가 접근할 수 있는지를 제대로 이해하고 있나요?

〈공각기동대〉의 쿠사나기 소령이 네트워크에 접속하면서도 자신의 핵심 정체성을 지켜냈듯이, 우리도 디지털 리터러시를 갖춰야 해요. AI, 로봇, 센서 등 다양한 존재들과의 협력과 의사소통 방식을 어떻게 익힐 것인가요? 연결이 극대화된 환경에서 자율성을 유지하려면 연결과 단절을 스스로 결정할 수 있는 능력을 어떻게 기를 수 있을까요?

기업은 어떤 선택을 해야 할까요? AI 기반 협업 플랫폼을 도입하고 연결 기반 고객경험을 설계할 때, 부서 간, 팀 간, 그리고 사람과 기계 간의 업무 흐름을 어떻게 끊김 없이 이어갈 것인가요? 〈공각기동대〉의 네트워크처럼 모든 정보가 실시간으로 연결되고, 〈아바타〉의 나비족이 모든 생명체와 자연스럽게 소통했던 것처럼, 미래의 경험을 어떻게 설계할 것인가요? 더 나아가 파트너, 고객과도 데이터와 기능을 공유하며 상호의존적 생태계를 구축하는 것이 경쟁력의 핵심이 되는데, 그 과정에서 어떤 윤리적 기준을 세워야 할까요?

정부는 무엇을 준비해야 할까요? 공진화를 위한 인프라와 안전망을 마련하는 것이 필수적입니다. 디지털 격차 해소를 위한 공공 연결 인프라를 어떻게 확충할 것인가요? 정부와 민간 간 데이터 상호운용성을 어떤 기준으로 표준화할 것인가요? 네트워크 장애나 보안 침해에 대비한 다중 방어 체계를 어떻게 구축해야 할까요? 초연결 사회에서 네트워크 바깥에 있는 것은 곧 정보, 기회, 영향력에서 배제되는 것을 의미하므로, 모든 국민이 기본적인 연결성을 보장받을 수 있는 정책을 어떻게 설계할 것인가요?

공진화는 우연히 이루어지지 않습니다. 그것은 철저히 의도된 설계와 지속적인 조정의 결과예요. 〈공각기동대〉에서 사이버 뇌 해킹이나 〈아바타〉에서 자원 착취가 보여주듯, 기술 자체가 악한 것이 아니라 기술을 어떻게 설계하고 운용하느냐가 문제죠.

결국 초연결 시대의 핵심은 단순히 '연결되는 것'이 아니라 '함께 진화하는 것'입니다. 〈아바타〉의 제이크가 나비족의 네트워크에 참여해 새로운 정체성을 획득했듯이, 우리도 인간-기계-환경의 새로운 네트워크 속에서 진화해야 합니다. 연결을 지배하는 능력, 즉 흐름을 설계하고 신뢰를 구축하며 주체성을 유지하는 능력을 어떻게 기를 것인가요?

현실과 가상의 경계는 무엇이며,
데이터가 그것을 어떻게 정의하는가?

4장

데이터와
디지털 실재

우리는 무엇을 진짜라고 믿는가?

Data
& Digital Reality

꿈과 현실, 그리고 철학적 의문

　　당신은 언제 확실히 깨어 있다고 말할 수 있나요? 지금 이 순간이 정말 현실인지, 아니면 꿈속인지 어떻게 알 수 있을까요? 이런 질문은 인류가 오랫동안 품어온 근본적 의문이에요.

　　중국 고사에 '황량몽黃粱夢'이라는 이야기가 있습니다. 한 청년이 길을 가다 도사를 만나 베개를 빌려 잠시 낮잠을 자는데, 그 짧은 꿈속에서 과거 급제부터 벼슬살이, 부귀영화, 자손 번창까지 인생의 모든 것을 경험해요. 그런데 깨어보니 도사가 끓이던 좁쌀죽도 아직 익지 않았던 거죠. 평생의 삶이라고 믿었던 것이 한순간의 꿈에 불과했다는 깨달음에 관한 이야기입니다.

　　장자의 '호접몽胡蝶夢'은 더욱 흥미로워요. 장자가 나비가 되어 훨훨 날아다니는 꿈을 꾸었는데, 깨어나서 생각해보니 도대체 자신이 꿈에서 나비가 된 것인지, 아니면 나비가 꿈에서 장자가 된 것인지 구분할 수 없다는 이야기죠. 꿈과 현실의 경계가 완전히 모호해지는 순간입니다.

우리도 비슷한 경험이 있을 거예요. 꿈이 너무 생생해서 깨어난 후에도 한동안 그것이 현실인지 꿈인지 헷갈렸던 순간들. 혹은 반대로 현실이 너무 비현실적이어서 꿈 같다고 느꼈던 경험들. 이런 순간들은 우리가 '현실'이라고 부르는 것이 생각보다 불안정하고 주관적일 수 있다는 걸 보여줘요.

현대에 와서 이런 철학적 의문은 더욱 현실적인 문제가 되었어요. 2016년, 일론 머스크가 던진 폭탄 같은 발언 때문입니다. "현재 우리가 사는 세계가 '진짜'일 확률은 10억 분의 1"이라는 시뮬레이션 가설을 언급한 거죠. 그의 논리는 이렇습니다. 기술이 발전할수록 시뮬레이션의 정교함도 증가하고, 언젠가는 현실과 구분할 수 없는 수준에 도달할 것이라는 겁니다. 그렇다면 지금 우리가 경험하는 현실도 고도로 발전한 문명이 만든 시뮬레이션일 가능성이 높다는 것이죠.

이런 생각이 황당하게 들릴 수도 있지만, 실제로 우리 주변을 둘러보면 그렇게 터무니없지만은 않습니다. 우리는 이미 스마트폰을 통해 하루 종일 디지털 세계와 상호작용하고, SNS에서 만든 페르소나가 때로는 현실의 나보다 더 중요하게 느껴지기도 합니다. 넷플릭스 알고리즘이 추천하는 콘텐츠가 우리의 취향을 형성하고, 구글 검색 결과가 우리의 세계관을 만들어가죠.

게임 속에서 보내는 시간이 현실 세계보다 길어지고, 메타버스에서의 사회적 관계가 오프라인 인간관계만큼 의미 있게 느껴지는 사람들이 늘고 있어요. 2025년 현재 한국의 Z세대는 하루 평균 7시간 이상을 디지털 스크린과 함께 보내고 있습니다. 물리적 현실보다 디지털 현실에 더 많은 시간을 투자하는 세대가 등장한 거예요.

여기에 인공지능 기술의 발전이 더해지면서 상황은 더욱 복잡해졌습니다. 챗GPT와 같은 대화형 AI는 사람과 구분하기 어려운 수준의 대화를 나누고, 달리DALL-E나 미드저니Midjourney 같은 이미지 생성 AI는 현실과 구별되지 않는 가짜 사진을 만들어내죠. 딥페이크 기술로 만든 영상은 누군가의 얼굴과 목소리를 완벽하게 모방해 진짜보다 더 진짜 같은 콘텐츠를 생산해요.

더 나아가 최근의 디지털트윈 기술은 물리적 세계를 디지털로 완벽하게 복제하려는 시도를 하고 있습니다. 현대자동차는 공장 전체를 디지털로 복제해 실제 생산라인에서 일어날 문제들을 미리 시뮬레이션하고, 싱가포르는 도시 전체의 디지털트윈을 만들어 정책 결정의 효과를 사전에 테스트하고 있습니다.

이런 기술들이 발전할수록 우리는 점점 더 중요한 질문과 마주하게 됩니다. 과연 '진짜'란 무엇인가? 물리적으로 만질 수 있는

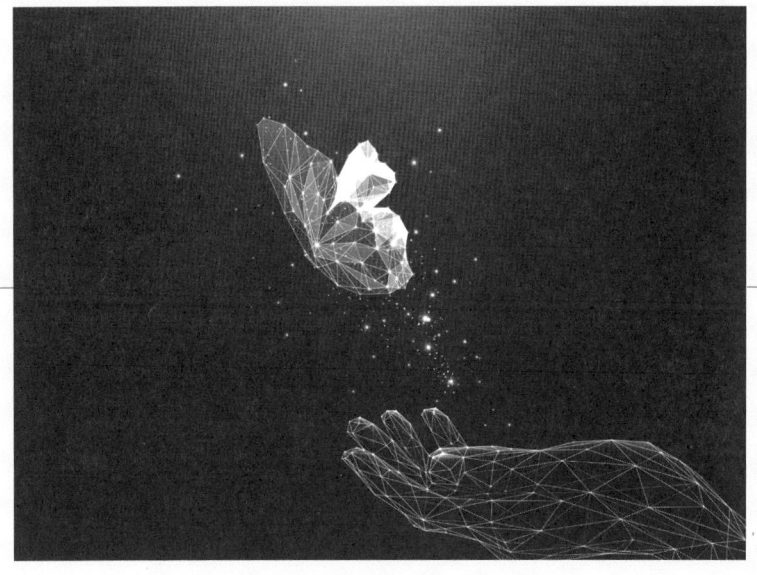

◆ 당신은 언제 확실히 깨어 있다고 말할 수 있나? 지금 이 순간이 정말 현실인지, 아니면 꿈속인지 어떻게 알 수 있을까? 이런 질문은 인류가 오랫동안 품어온 근본적 의문이다. 장자의 '호접몽'은 더욱 흥미롭다. 장자가 나비가 되어 훨훨 날아다니는 꿈을 꾸었는데, 깨어나서 생각해보니 도대체 자신이 꿈에서 나비가 된 것인지, 아니면 나비가 꿈에서 장자가 된 것인지 구분할 수 없다는 이야기다. 꿈과 현실의 경계가 완전히 모호해지는 순간이다.

것만이 진짜일까요? 아니면 우리의 감각과 의식이 경험하는 모든 것이 동등하게 실재하는 것일까요?

지금 우리는 기호와 이미지가 원본보다 더 '진짜 같은' 현실을 구성하는 시대를 살고 있습니다. 인스타그램의 필터가 적용된 사진이 거울 속 내 모습보다 더 나답게 느껴지고, 게임 속 아바타의 성취가 현실에서의 성과보다 더 만족스럽게 여겨지는 경우들이 늘고 있습니다.

데이터가 현실을 정의하는 시대가 온 거예요. 우리의 선호도는 클릭 데이터로, 감정은 이모티콘과 '좋아요' 수로, 사회적 관계는 팔로워와 친구 목록으로 측정되고 기록됩니다. 이런 데이터들이 모여서 우리에 대한 디지털 프로필을 만들고, 그 프로필이 역으로 우리의 현실을 구성하게 되는 순환 구조가 만들어진 것이죠.

장자가 나비 꿈에서 깨어나며 품었던 의문이 이제 2026년의 현실이 되었습니다. 다만 이제는 나비와 장자가 아니라, 디지털 아바타와 물리적 인간 사이에서 어느 쪽이 더 진짜인지 구분하기 어려워진 상황이죠. 그리고 놀랍게도, 그 구분이 점점 중요하지 않게 느껴지기 시작했다는 것이 가장 큰 변화일지도 몰라요.

매트릭스, 토탈 리콜, 마이너리티 리포트
: 현실과 가상의 혼재

1999년 워쇼스키 자매가 연출한 〈매트릭스The Matrix〉
는 현실과 가상의 경계에 대한 철학적 논쟁을 대중문화의 한가운
데로 끌어올린 걸작입니다. 이 영화는 SF 영화사에서 여러 차원의
혁신을 이뤘어요. 기술적으로는 '불릿 타임' 촬영 기법으로 시각
적 혁명을 일으켰고, 서사적으로는 사이버펑크 장르를 주류 영화
로 끌어올렸습니다. 하지만 가장 중요한 건 2500년 전 플라톤이
던진 철학적 질문을 현대 기술로 재해석해 대중에게 전달했다는
점이에요.

〈매트릭스〉는 이전 SF 영화들과 완전히 다른 차원의 질문을
제시했습니다. 〈블레이드 러너Blade Runner〉(1982)의 사이버펑크적 미
래관과 〈터미네이터Terminator〉(1984)의 기계 지배 설정을 결합하면서

도, 완전히 새로운 차원으로 나아갔죠. 이전 SF 영화들이 '기계가 인간을 물리적으로 지배한다면?'이라고 물었다면, 〈매트릭스〉는 "기계가 인간의 인식 자체를 지배한다면?"이라고 물었습니다. 이는 SF영화가 스펙터클뿐만 아니라 인식론적이고 실재론적인 질문을 던질 수 있음을 보여준 이정표적 작품이었어요.

"진짜란 무엇인가?" 모피어스가 네오에게 던진 이 질문은 단순한 영화 대사에 그치지 않고 21세기 인류의 핵심적 고민이 되었어요. 영화가 개봉된 지 27년이 지난 지금, 우리는 그 질문이 얼마나 예언적이었는지 실감하고 있습니다.

〈매트릭스〉는 인류가 기계에 의해 만들어진 가상 시뮬레이션 속에서 살아가면서도 그것을 현실로 믿고 있다는 설정에서 출발합니다. 사람들은 매트릭스라는 거대한 컴퓨터 프로그램 안에서 일상을 보내면서, 그것이 진짜 삶이라고 생각하죠. 실제로는 영양액이 가득한 캡슐 안에서 꿈을 꾸고 있는데도 말이에요.

영화에서 인상적인 장면 중 하나는 네오가 처음으로 '진짜 세상'을 보는 순간일 겁니다. 매트릭스에서 깨어난 그의 눈앞에 펼쳐진 것은 기계들이 지배하는 황폐한 지구였어요. 그가 그토록 사랑했던 1999년의 세상은 이미 200년 전에 사라진 환상이었던 거죠. 그 순간 네오뿐만 아니라 관객들도 함께 물어보게 됩니다. "내가 진짜라고 믿는 것들 중에 얼마나 많은 것이 실제로는 환상일까?"

매트릭스 속에서 사람들은 신경 인터페이스를 통해 완전 몰입형 가상현실을 경험합니다. 그들의 뇌는 가짜 감각 신호를 받아들이지만, 그 경험은 현실과 구별되지 않을 만큼 생생합니다. 가상에서 다쳤으면 실제로도 상처가 나고, 가상에서 죽으면 정말로 죽어요. "네 마음이 그것을 진짜로 만드는 거야"라는 모피어스의 말이 핵심입니다.

하지만 영화가 제기하는 가장 복잡한 질문은 다른 데 있습니다. 과연 진실을 아는 것이 항상 좋은 일일까요? 극중 사이퍼라는 인물은 매트릭스의 진실을 알고도 다시 가상 세계로 돌아가기를 원해요. "무지가 축복"이라며 맛있는 스테이크를 먹는 환상이 영양액을 마시는 현실보다 낫다고 말하죠. 이는 우리에게도 해당되는 딜레마입니다. 편안한 착각과 고통스러운 진실 중 어느 것을 선택하시겠어요?

같은 해 개봉한 〈13층The Thirteenth Floor〉(1999)은 이런 시뮬레이션의 딜레마를 한층 더 복잡하게 표현해냈습니다. 1937년 로스앤젤레스를 완벽하게 재현한 가상 세계를 만든 과학자들의 이야기인데, 놀라운 반전은 그들 자신도 누군가가 만든 시뮬레이션 속에 살고 있다는 것이었어요. 시뮬레이션 안의 시뮬레이션이라는 무한 반복 구조를 통해, 이 영화는 중요한 질문을 던집니다. 시뮬레이션이 충분히 정교하다면 그 안의 존재들도 의식을 가질 수 있고, 그들에게는 그것이 유일한 현실이 될 수 있지 않을까요? 더

섬뜩한 것은 우리도 그런 상황에 있을 수 있다는 가능성이에요.

1990년 폴 버호벤 감독의 〈토탈 리콜Total Recall〉은 다른 각도에서 현실과 환상의 경계를 다룹니다. 이 영화는 필립 K. 딕의 단편소설을 원작으로 하며, SF 영화사에서 '기억'과 '정체성'의 관계를 본격적으로 탐구한 선구적 작품으로 평가받아요. 주인공 더글라스 퀘이드는 기억 주입 회사에서 화성 여행의 가짜 기억을 주입받으려 하다가, 자신이 실제로는 화성의 비밀 요원이었다는 사실을 알게 되죠. 하지만 영화가 끝나도 관객은 확신할 수 없어요. 그의 모험이 진짜였는지, 아니면 여전히 기억 주입의 환상 속에 있는 건지 말이에요.

이 영화가 던지는 질문은 정체성의 근본에 관한 것입니다. 우리를 우리답게 만드는 것이 기억이라면, 그 기억이 조작될 수 있을 때 '나'는 과연 누구일까요? 2024년 현재 뇌과학과 신경공학이 발전하면서 이런 질문이 점점 현실적이 되고 있어요. 버호벤은 이전 작품 〈로보캅〉(1987)에서도 기억과 정체성 문제를 다뤘지만, 〈토탈 리콜〉에서는 한 걸음 더 나아가 '기억의 진정성'이라는 철학적 문제를 정면으로 다뤘습니다. 이는 후에 〈이터널 선샤인Eternal Sunshine〉(2004), 〈인셉션Inception〉(2010) 같은 작품들의 선구가 되었어요.

2002년 스티븐 스필버그의 〈마이너리티 리포트Minority Report〉는 또 다른 차원의 문제를 다룹니다. 미래를 예측할 수 있는 기술이 있을 때, 아직 일어나지 않은 범죄를 미리 처벌하는 것이 정당한 가요? 주인공 존 안더튼은 자신이 36시간 후에 살인을 저지를 것이라는 예측을 받고, 그 운명을 바꾸려 노력하죠. 이는 자유의지와 결정론에 대한 근본적 질문입니다. 미래가 예측 가능하다면 우리에게 진정한 선택의 자유가 있는 걸까요?

이 영화는 SF 영화사에서 '예측 기술'과 '자유의지' 문제를 본격적으로 다룬 중요한 작품입니다. 〈토탈 리콜〉이 '기억 주입'을, 〈매트릭스〉가 '가상현실'을 다뤘다면, 〈마이너리티 리포트〉는 '예측 알고리즘'이 지배하는 사회의 모습을 그렸어요. 그리고 놀랍게도 이 예언은 빠르게 현실이 되고 있습니다.

이런 영화들이 제기하는 질문들은 더 이상 먼 미래의 가정이 아닙니다. 우리는 이미 유사한 상황들을 경험하고 있어요. 넷플릭스 알고리즘은 우리가 다음에 볼 영화를 높은 정확도로 예측하고, 구글은 우리가 검색할 단어를 미리 알고 있습니다. 인스타그램의 추천 알고리즘은 우리가 좋아할 만한 콘텐츠를 끝없이 제공하며, 그 과정에서 우리의 취향과 관심사를 형성하기도 하죠. 우리가 선택한다고 생각하는 많은 것들이 실제로는 알고리즘에 의해 미리 결정되어 있을 수 있어요.

가장 흥미로운 건 우리가 이런 변화를 점점 자연스럽게 받아들이고 있다는 점입니다. 딥페이크로 만든 영상을 보고도 크게 놀라지 않고, AI가 생성한 이미지와 실제 사진을 구분하는 것이 점점 어려워져도 일상적으로 받아들이고 있어요. 포토샵으로 보정된 사진이 '더 나다운' 사진이라고 여기고, 소셜미디어에서 만든 페르소나가 오프라인의 나보다 더 진짜 같다고 느끼는 사람들이 늘고 있습니다.

중요한 것은 이런 변화가 반드시 나쁘다는 게 아니라는 점입니다. 〈매트릭스〉에서 네오가 진실을 선택했다고 해서 모든 사람이 같은 선택을 해야 하는 건 아니거든요. 사이퍼처럼 편안한 환상을 선택하는 것도 하나의 합리적 선택일 수 있어요. 문제는 선택권이 있느냐는 것이죠. 우리가 무엇이 진짜이고 가짜인지 구분할 수 있는 능력을 유지하면서, 동시에 그중에서 어떤 현실을 선택할지 스스로 결정할 수 있어야 합니다.

결국 이 영화들이 우리에게 던지는 진짜 질문은 이것일지도 모릅니다. "진짜가 무엇인지는 중요하지 않다. 중요한 것은 네가 어떤 현실을 선택하고, 그 선택에 책임을 질 수 있느냐는 것이다."

시뮬레이션이 현실이 될 때

　　SF 영화 속에서만 가능했던 기술들이 하나둘씩 현실이 되면서, 우리는 〈매트릭스〉의 세계와 점점 더 닮아가고 있습니다. 하지만 영화와 다른 점이 있다면, 기계가 우리를 속이는 게 아니라 우리 스스로 더 정교한 시뮬레이션을 만들어가고 있다는 것이죠.

　AR(증강현실), VR(가상현실), MR(혼합현실) 기술은 이미 우리 일상 깊숙이 들어와 있어요. 메타의 퀘스트 시리즈는 전 세계 수천만 명이 사용하고 있고, 매월 활성 사용자가 증가하고 있습니다. 애플 비전 프로는 4K 해상도로 현실과 가상을 자연스럽게 섞어주는 경험을 제공하며, 출시 첫 해에만 수십만 대가 판매되었어요. 마이크로소프트의 홀로렌즈는 산업 현장에서 작업자들이 3D

홀로그램을 보며 복잡한 조립이나 수리 작업을 할 수 있게 해주고 있습니다. 보잉은 홀로렌즈로 항공기 제조 과정의 오류율을 대폭 줄였고, 폭스바겐은 자동차 설계 검토 시간을 크게 단축시켰어요.

특히 2025년 메타가 공개한 AR 안경은 획기적인 변화를 보여줬습니다. 실외에서도 선명하게 보이는 고해상도 디스플레이, 손가락 제스처를 인식하는 생체신호 밴드, AI 비서가 내장되어 음성 명령으로 대화하고 상황에 맞는 정보를 자동으로 제공하는 기능까지. 한국에서도 삼성전자가 구글과 협업한 AR 안경에서 실시간 다국어 번역 시연을 선보였고, LG는 메타버스 쇼핑 플랫폼에서 3D 스캔 기술로 의류 핏을 정확하게 예측하는 가상 시착 기능을 구현했어요.

메타버스는 또 다른 차원의 변화를 보여줍니다. 로블록스Roblox에서는 일일 수천만 명의 사용자가 창작하고 놀고 배우며, 사용자들이 만든 게임은 이미 수천만 개를 넘어섰습니다. 이 플랫폼에서 창작자들이 벌어들이는 수익은 연간 수억 달러에 달해요. 포트나이트Fortnite는 단순한 게임을 넘어 아리아나 그란데, 트래비스 스콧의 가상 콘서트에 수천만 명이 동시 참여하는 문화 공간이 되었고, 메타의 호라이즌 월드Horizon Worlds에서는 전 세계 사용자들이 아바타로 만나 회의를 하고 친구들과 시간을 보내죠. 코로나19 기간 동안 가상 회의 시간이 급증했고, 일부 기업들은 영구적으로

◆ 네이버 뉴스의 '에어스'는 사용자의 클릭 패턴을 학습해 각자에게 다른 뉴스를 보여준다. 카카오 다음의 '루빅스' 알고리즘도 비슷하게 작동한다. 이 때문에 같은 시각, 같은 포털 사이트를 보면서도 사람들은 완전히 다른 현실을 경험하게 된다. 보수 성향의 사람과 진보 성향의 사람이 동일한 사건에 대해 전혀 다른 프레임의 기사를 접하면서, 공통의 현실 인식 자체가 사라지고 있다. 이는 〈매트릭스〉에서 각자가 다른 버전의 시뮬레이션을 경험하는 것과 유사하다. 미래 기술은 이런 경향을 더욱 가속화할 것이다.

메타버스 오피스를 도입했습니다.

AI 기반 예측 분석 시스템은 〈마이너리티 리포트〉의 예언 기술과 놀랍도록 닮아 있어요. 아마존은 고객의 구매 패턴을 예측해 주문하기 전에 미리 상품을 가까운 창고로 배송하는 예측 배송비시스템을 운영하고 있습니다. 보안 분야에서는 시카고 경찰이 AI 예측 시스템으로 범죄 발생 가능성이 높은 지역을 미리 예측해 순찰을 배치하여 강력범죄를 줄였어요. 싱가포르는 AI 교통 예측 시스템으로 출퇴근 시간 교통 체증을 감소시키고, 응급차 이동 시간도 단축시켰습니다.

디지털트윈 기술은 〈13층〉의 시뮬레이션 속 시뮬레이션을 현실로 만들고 있어요. 현실 세계의 모든 것을 디지털로 완벽하게 복제해서, 가상공간에서 다양한 실험과 시뮬레이션을 할 수 있게 된 거죠. 지멘스는 독일 암베르크 공장의 디지털트윈을 구축해 생산성을 대폭 향상시키고 불량률을 극소 수준까지 낮췄습니다. 건설업에서는 빔BIM, Building Information Modeling 플랫폼을 사용하는 프로젝트들이 공기를 단축하고 비용을 절감하는 성과를 보이고 있어요. 의료 분야에서는 존스 홉킨스 병원이 환자별 디지털트윈으로 심장 수술 성공률을 크게 높였습니다. 물리적 현실과 디지털 현실이 실시간으로 동기화되면서, 둘 사이의 경계가 점점 모호해지고 있어요.

가장 일상적이면서도 강력한 변화는 알고리즘 필터링과 추천

시스템입니다. 유튜브에서 시청되는 동영상 중 상당 부분이 AI 추천 알고리즘에 의해 선택된 콘텐츠예요. 틱톡의 'For You' 알고리즘은 매우 빠른 속도로 사용자의 관심사를 파악하고, 넷플릭스의 개인화 추천은 시청 시간의 대부분을 결정합니다. 같은 사건에 대해서도 사람마다 완전히 다른 뉴스와 의견을 접하게 되면서, 객관적 현실보다는 개인화된 현실을 경험하게 된 거죠.

한국에서도 이런 개인화 알고리즘의 영향은 매우 큽니다. 네이버 뉴스의 '에어스_{AiRS, AI Recommender System}'는 사용자의 클릭 패턴을 학습해 각자에게 다른 뉴스를 보여줍니다. 카카오 다음의 '루빅스' 알고리즘도 비슷하게 작동하죠. 이 때문에 같은 시각, 같은 포털 사이트를 보면서도 사람들은 완전히 다른 현실을 경험하게 됩니다. 보수 성향의 사람과 진보 성향의 사람이 동일한 사건에 대해 전혀 다른 프레임의 기사를 접하면서, 공통의 현실 인식 자체가 사라지고 있어요. 이는 〈매트릭스〉에서 각자가 다른 버전의 시뮬레이션을 경험하는 것과 유사합니다.

미래 기술은 이런 경향을 더욱 가속화할 것입니다. 완전 몰입형 BCI(뇌-컴퓨터 인터페이스) 기반 메타버스가 개발되면, 〈매트릭스〉처럼 뇌파를 통해 직접 가상 경험을 주입받을 수 있게 될 거예요. 현재 페이스북 리어리티 랩_{Facebook Reality Labs}은 뇌파만으로 가상현실 환경을 제어하는 실험에서 상당한 성과를 거두었고, 2030년대에는 완전한 뇌-가상현실 인터페이스가 상용화될 것으로 예상됩니다.

　기억 편집과 기억 이식 기술도 현실화되고 있습니다. 〈토탈 리콜〉에서 보았던 것처럼, 긍정적인 경험을 주입하거나 트라우마를 제거하는 기술이 개발될 수 있어요. MIT의 연구진은 실험에서 거짓 기억을 삽입하는 데 성공했고, 존스 홉킨스 대학은 옵토제네틱스 기술로 트라우마 기억을 선별적으로 약화시키는 실험에서 긍정적인 결과를 얻었습니다.

　맞춤형 현실 필터는 가장 혁신적이면서도 위험한 기술이 될 수 있어요. 증강현실 안경을 통해 보고 싶지 않은 것은 자동으로 필터링하고, 보고 싶은 것만 강조해서 보여주는 기술이 개발되면, 같은 거리를 걸어도 사람마다 완전히 다른 현실을 경험하게 될 수 있습니다.

　이런 기술들은 엄청난 가능성과 위험을 동시에 안고 있어요. 한편으로는 장애인들이 가상현실에서 온전한 몸으로 활동할 수 있고, 위험한 수술을 시뮬레이션으로 미리 연습해 성공률을 높일 수 있으며, 유럽우주청ESA은 지구 전체의 디지털트윈으로 기후 변화 시나리오를 실시간으로 시뮬레이션하고 있어요. 하지만 다른 한편으로는 시뮬레이션에 지나치게 의존하다 보면 현실 감각을 잃을 수 있고, 중국에서는 가상현실 게임 중독으로 현실과 가상을 구분하지 못하는 사례가 증가하고 있습니다. 개인화된 현실 필터로 인해 사회적 소통이 단절될 수 있으며, 기억 조작 기술이 악용되면 개인의 정체성 자체가 위협받을 수 있어요.

가장 중요한 것은 〈매트릭스〉의 네오처럼 빨간 약을 선택할 권리, 즉 '선택권'을 유지하는 것입니다. 기술이 만들어주는 무한한 가능성 속에서 진정으로 가치 있는 것을 선별하고, 시뮬레이션이 현실을 대체하는 것이 아니라 보완하고 확장하는 도구가 되도록 하는 것이야말로 21세기 인류의 진짜 과제일 것입니다.

데이터가 만드는 새로운 실재

　　현실과 가상의 구분이 흐려지는 시대에 우리는 근본적인 철학적 질문들과 마주하고 있습니다. 과연 무엇이 진짜이고 무엇이 가짜인가? 우리의 감각이 속을 수 있다면 확실한 지식의 기반은 어디에 있는가? 그리고 데이터가 현실을 정의하는 시대에 '실재'란 무엇을 의미하는가?

　　전통적으로 철학자들은 관념론과 경험론이라는 두 가지 큰 흐름으로 나누어 이 문제를 다뤄왔습니다. 관념론자들은 현실이 우리의 인식과 정신 속에만 존재한다고 봤고, 경험론자들은 감각 경험이 모든 지식과 현실의 기반이라고 주장했어요. 하지만 현대의 디지털 기술은 이런 전통적인 구분을 무너뜨리고 있습니다. 가상현실과 증강현실 기술이 발전하면서 '가짜' 감각 경험이 '진짜' 감각 경험과 구별되지 않는 수준에 이르렀거든요.

〈매트릭스〉의 모피어스가 말했듯이 "네 마음이 그것을 진짜로 만드는 거야"라는 관점은 칸트의 관념론과 놀랍도록 닮아 있습니다. 칸트는 우리가 사물 자체noumenal world를 직접 인식할 수 없고, 오직 우리의 인지 구조를 통해 구성된 현상 세계phenomenal world만을 경험한다고 주장했어요.

즉, 우리가 '현실'이라고 부르는 것은 이미 우리 의식이 가공하고 해석한 결과물이라는 거죠. 매트릭스에서 의식이 경험하는 모든 것이 그 개인에게는 절대적 현실이 되는 것처럼, 칸트의 관념론에서도 우리는 의식이 구성한 현상계를 벗어날 수 없으며, 그것이 바로 우리에게 주어진 유일한 현실이 됩니다.

현대 사회에서는 기호와 이미지가 원본보다 더 '진짜 같은' 현실을 구성합니다. 디즈니랜드가 실제 미국보다 더 미국답고, 광고 속 가족이 현실의 가족보다 더 이상적인 가족상을 제시하죠. 게임 속 아바타의 성취가 현실의 성과보다 더 만족스럽게 느껴지는 경우들도 해당됩니다.

자유의지와 결정론의 문제도 데이터 시대에 새롭게 조명받고 있습니다. 〈마이너리티 리포트〉에서 제기된 질문처럼, 빅데이터와 AI가 인간의 행동을 높은 정확도로 예측할 수 있다면, 우리에게 진정한 선택의 자유가 있는 걸까요?

현재 넷플릭스는 사용자가 어떤 영화를 볼지 높은 정확도로

♦ 우리가 '현실'이라고 부르는 것은 이미 우리 의식이 가공하고 해석한 결과물이라는 것이다. 〈매트릭스〉에서 의식이 경험하는 모든 것이 그 개인에게는 절대적 현실이 되는 것처럼, 현대 사회에서는 기호와 이 미지가 원본보다 더 '진짜 같은' 현실을 구성한다. 디즈니랜드가 실제 미국보다 더 미국답고, 광고 속 가족이 현실의 가족보다 더 이상적인 가족상을 제시한다. 인스타그램의 필터가 적용된 사진이 원본보다 더 '나다운' 것으로 여겨지고, 게임 속 아바타의 성취가 현실의 성과 보다 더 만족스럽게 느껴지는 경우들이 해당된다.

예측하고, 아마존은 고객이 무엇을 살지 미리 알고 창고에 상품을 배치해두죠. 구글은 우리가 검색할 단어를 자동완성으로 제시하고, 페이스북은 우리가 좋아할 만한 게시물을 미리 선별해서 보여줍니다. 이런 상황에서 우리의 선택이 정말 자유로운 것일까요, 아니면 알고리즘에 의해 미리 결정된 것일까요?

데이터가 현실을 정의하는 시대에는 무엇이 '객관적'인지 규정하기 어려워졌습니다. 구글 지도에 표시되지 않은 길은 실제로 존재해도 사람들에게 '없는' 길이 되어버리고, 위키피디아에 등록되지 않은 정보는 '검증되지 않은' 것으로 여겨지며, 소셜미디어에서 화제가 되지 않은 사건은 '중요하지 않은' 것으로 취급되죠.

이런 상황에서 가상 세계의 존재들도 '실존'으로 인정될 수 있는지가 흥미로운 철학적 질문이 되고 있습니다. 메타버스에서 몇 년간 활동한 아바타나 AI 챗봇을 단순한 데이터의 집합으로만 봐야 할까요, 아니면 나름의 존재성을 인정해야 할까요?

저는 이런 상황에서 중요한 것이 이분법적 사고를 넘어서는 것이라고 봅니다. 진짜냐 가짜냐, 현실이냐 가상이냐를 구분하는 것보다는, 다양한 형태의 실재가 공존할 수 있다는 관점을 받아들이는 것이 필요할지도 모릅니다.

물리적 현실, 디지털 현실, 가상현실, 증강현실은 각각 나름의 존재 방식과 가치를 가지고 있습니다. 중요한 것은 이들 사이에서 어떻게 균형을 잡고, 각각에서 의미 있는 경험을 추출할 것인지,

그리고 그 모든 경험을 통힙해시 일관된 정체성을 유지할 것인지의 문제죠.

결국 데이터가 만드는 새로운 철학의 핵심은 '다원적 실재론'이라고 할 수 있어요. 하나의 절대적 현실이 아니라 여러 층위의 현실이 동시에 존재하고, 각각이 나름의 진정성을 갖는다는 관점. 그리고 그 속에서 인간은 능동적으로 자신의 현실을 선택하고 구성해나가는 존재라는 새로운 인간관입니다.

이런 철학적 전환은 우리가 앞으로 어떤 사회를 만들어갈 것인지와 직결되는 문제예요. 데이터와 알고리즘이 지배하는 사회에서도 인간의 주체성과 존엄성을 지킬 수 있는 길을 찾는 것, 그것이 21세기 철학의 가장 중요한 과제가 될 것입니다.

복수의 현실, 하나의 정체성

장자가 나비 꿈에서 깨어나며 품었던 의문이 이제 2026년의 현실이 되었습니다. 다만 이제는 나비와 장자가 아니라, 디지털 아바타와 물리적 인간 사이에서 어느 쪽이 더 진짜인지 구분하기 어려워진 상황이죠. 〈매트릭스〉에서 모피어스가 네오에게 빨간 약과 파란 약을 내밀었던 것처럼 우리도 매일 선택의 기로에 서 있지만, 이제는 두 개가 아니라 수십 가지 현실 중에서 골라야 합니다.

가상에서의 경험이 물리적 현실의 경험보다 더 '진짜'로 느껴지는 순간이 이미 시작되었습니다. 게임에서 친구들과 함께 모험을 하며 느낀 우정이 일상의 인간관계보다 더 의미 있게 느껴지거나, 가상현실에서 체험한 여행이 실제 여행보다 더 생생하게 기억

되는 경우들이 늘고 있습니다. 이럴 때 우리는 어떤 기준으로 현실을 정의해야 할까요?

전통적으로는 물리적 접촉 가능성, 인과관계의 연속성, 타인과의 공유 가능성 등이 현실성의 기준이었습니다. 하지만 이런 기준들이 디지털 기술로 인해 하나씩 무너지고 있어요. 햅틱 기술로 가상의 것도 만질 수 있고, AI가 일관된 인과관계를 구현할 수 있으며, 메타버스에서 수백만 명이 동일한 경험을 공유할 수 있게 되었으니까요.

어쩌면 미래에는 '현실'이라는 개념 자체가 복수형이 될지도 모르겠습니다. 물리적 현실, 디지털 현실, 증강현실, 가상현실이 각각 고유한 영역을 갖고, 사람들은 상황과 목적에 따라 다른 현실을 선택해서 경험하는 거죠. 중요한 것은 어느 것이 더 진짜인지가 아니라, 각각에서 어떤 가치와 의미를 찾을 수 있는지가 될 것 같습니다.

기억이 편집 가능한 사회에서 '정체성'의 연속성은 더욱 복잡한 문제가 될 것입니다. 〈토탈 리콜〉에서 보았듯이, 기억은 우리가 누구인지를 정의하는 핵심 요소입니다. 그런데 그 기억을 마음대로 수정하고 삭제할 수 있다면, '나'는 과연 계속 같은 존재일 수 있을까요?

이미 현실에서도 이런 문제가 조금씩 나타나고 있어요. 외상후 스트레스 장애PTSD 치료를 위해 트라우마 기억을 억제하는 기술, 치매 환자의 기억을 보조하는 AI 시스템, 그리고 더 나아가 긍정적 기억을 강화하거나 부정적 기억을 약화시키는 연구들이 진행되고 있습니다. 만약 우리가 기억을 편집해서 더 행복하고 자신감 있는 사람이 될 수 있다면, 그것을 선택해야 할까요? 아니면 고통스럽더라도 원래의 기억을 유지하는 것이 진정한 자아를 보존하는 길일까요?

이런 선택은 개인적 차원을 넘어 사회적 문제가 될 수도 있어요. 기억 편집 기술이 부유층에게만 접근 가능하다면, 사회적 불평등이 정신적 차원에까지 확장될 수 있거든요. 어떤 사람은 트라우마에서 자유로워지고, 어떤 사람은 평생 고통 속에 갇혀 지내야 한다면, 그것은 새로운 형태의 계급 사회가 될 수 있습니다.

맞춤형 현실 필터가 만들어낼 수 있는 사회적 위험도 심각합니다. 개인의 가치관과 취향에 맞춘 현실을 제공하는 기술이 발전하면, 사람들은 점점 자신과 비슷한 생각을 가진 사람들만 만나고, 자신의 의견을 확증하는 정보만 접하게 될 거예요. 이미 소셜미디어의 알고리즘이 만든 '필터 버블' 현상이 사회적 양극화를 심화시키고 있어요. 같은 사건에 대해 보수적 성향의 사람과 진보적 성향의 사람이 완전히 다른 뉴스와 해석을 접하면서, 공통의 현실 인식 자체가 사라지고 있죠.

증강현실 기술로 이런 필터링이 더욱 정교해진다면? 보고 싶지 않은 사람이나 상황은 시야에서 자동으로 차단되고, 선호하는 것들만 강조되어 보이는 세상. 그런 세상에서는 타인에 대한 공감이나 이해가 급격히 줄어들 수 있습니다. 물리적으로는 같은 거리를 걷고 있지만, 각자가 보는 세상이 완전히 다르다면, 그것을 과연 '공유된 현실'이라고 부를 수 있을까요?

한국 사회에서는 이런 문제가 더욱 급격하게 나타날 가능성이 높습니다. 높은 기술 수용성과 빠른 디지털 전환으로 인해 변화의 속도가 빠르지만, 그에 따른 사회적 합의나 준비는 부족한 경우가 많거든요. 특히 세대 간 격차가 클 수 있습니다. 디지털 네이티브 세대는 가상과 현실의 경계에 대해 기성세대와 완전히 다른 감각을 가지고 있어요. 이들에게는 온라인에서의 관계나 성취가 오프라인만큼 중요하고 의미 있는 것입니다.

반면 기성세대는 여전히 물리적 접촉과 대면 관계를 더 진정성 있는 것으로 여기는 경우가 많아요. "게임만 하지 말고 밖에 나가서 친구들 만나라"는 부모의 잔소리는, 어쩌면 두 세대가 서로 다른 현실 개념을 가지고 있다는 증거일 수 있습니다. 자녀는 온라인 게임에서 친구들과 협력하며 진정한 유대감을 느끼지만, 부모는 그것을 '진짜' 사회적 관계로 인정하지 않는 거죠. 이런 인식 차이가 가족과 사회 갈등의 새로운 원인이 될 수 있습니다.

결국 우리가 마주한 근본적인 질문은 이것입니다. 여러 층위의 현실이 공존하는 시대에, 우리는 어떻게 일관된 정체성을 유지할 수 있을까요? 물리적 현실에서의 나, 디지털 현실에서의 나, 가상

현실에서의 나가 모두 다르다면, 진짜 나는 어디에 있는 걸까요?
아니면 그 모든 버전이 함께 모여 '나'를 구성하는 걸까요?

초현실 시대의 선택

    미래에 우리는 '가상'과 '현실'을 구분하려는 시도를 포기하게 될까요? 그리고 그것이 인간에게 축복일까요, 아니면 재앙일까요? 저는 이런 도전들 앞에서 가장 중요한 것이 '선택의 자유'를 보장하는 것이라고 생각합니다.

    기술이 발전해도 사람들이 자신의 현실을 스스로 선택할 수 있어야 하고, 그 선택에 따른 결과에 대해서도 충분한 정보를 가지고 있어야 합니다. 예를 들어, 기억 편집을 선택한다면 그것이 자신의 정체성에 어떤 영향을 미칠지 미리 알 수 있어야 하고, 맞춤형 현실 필터를 사용한다면 그것이 자신의 세계관을 어떻게 제한할지 인지할 수 있어야 하죠. 〈매트릭스〉의 핵심은 네오가 빨간 약을 선택했다는 것이 아니라, 선택할 수 있었다는 사실 그 자체에 있습니다.

또한 다양성을 보장하는 것도 중요합니다. 모든 사람이 같은 방식으로 현실을 경험할 필요는 없지만, 서로 다른 선택을 존중하고 이해할 수 있는 최소한의 공통 기반은 유지되어야 해요. 누군가는 물리적 현실을 선호하고, 누군가는 디지털 현실에서 더 많은 의미를 찾을 수 있습니다. 중요한 것은 그 선택이 강요가 아니라 자유로운 의지에 의한 것이어야 한다는 점입니다.

교육의 역할도 변해야 할 것 같아요. 전통적인 지식 전달보다는 다양한 형태의 현실을 비판적으로 사고하고, 그 속에서 의미를 찾아내는 능력을 기르는 것이 더 중요해질 거예요. 핀란드가 미디어 리터러시 교육으로 가짜 뉴스에 강한 국가가 된 것처럼, 우리도 '현실 리터러시'를 갖춰야 합니다. 어떤 정보가 어떤 알고리즘을 통해 나에게 전달되는지, 내가 보는 현실이 어떻게 구성되는지를 이해하는 능력 말이에요.

그렇다면 우리는 무엇을 고민해야 할까요? 개인으로서, 당신은 어떤 현실을 진짜라고 믿고 있나요? 물리적으로 만질 수 있는 것만을 진짜로 여기나요, 아니면 디지털 경험도 동등하게 실재한다고 생각하나요? 여러 현실을 오가더라도 변하지 않는 나만의 가치관은 무엇인가요?

넷플릭스가 다음 영화를 예측하고, 유튜브 추천의 대부분을 AI가 결정하는 시대에 진정으로 자유로운 선택을 하고 있다고 확

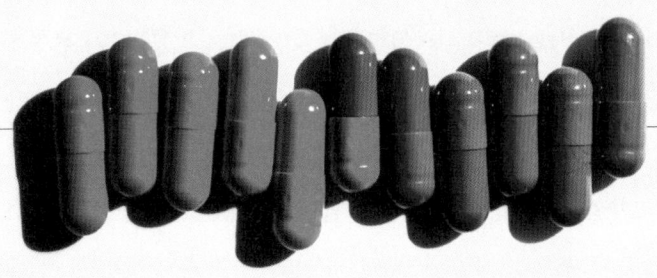

♦ 미래에 우리는 '가상'과 '현실'을 구분하려는 시도를 포기하게 될까?
그것은 인간에게 축복일까, 아니면 재앙일까? 기술이 발전해도 사람
들이 자신의 현실을 스스로 선택할 수 있어야 하고, 그 선택에 따른
결과에 대해서도 충분한 정보를 가지고 있어야 한다. 예를 들어, 기억
편집을 선택한다면 그것이 자신의 정체성에 어떤 영향을 미칠지 미리
알 수 있어야 하고, 맞춤형 현실 필터를 사용한다면 그것이 자신의 세
계관을 어떻게 제한할지 인지할 수 있어야 하는 것이다. 〈매트릭스〉
의 핵심은 네오가 빨간 약을 선택했다는 것이 아니라, 선택할 수 있었
다는 사실 그 자체에 있다.

신할 수 있나요? 알고리즘이 제시하는 것만 보고 있는 건 아닌지, 내 취향이라고 생각하는 것이 사실은 알고리즘이 만들어준 것은 아닌지 돌아볼 필요가 있습니다. 필터 버블을 깨기 위해 어떤 노력을 하고 있나요? 의도적으로 나와 다른 의견을 가진 사람들의 콘텐츠를 찾아보거나, 알고리즘 추천을 끄고 직접 검색해보는 것도 방법일 수 있어요.

기업들은 제품이 아니라 '경험'과 '현실' 자체를 설계하는 존재가 되었습니다. 나이키는 물리적 운동화와 메타버스 가상 운동화를 통합 판매하고, 현대자동차는 가상현실로 차량을 체험하고 증강현실로 주차 공간에 배치해보는 디지털트윈 쇼룸을 운영해요. 이것이 바로 '리얼리티 엔지니어링'입니다.

하지만 〈마이너리티 리포트〉가 경고했듯 윤리적 딜레마가 있어요. 아마존이 고객 주문 전에 미리 상품을 배송 준비하는 것은 편리하지만, "당신은 이것을 살 것이다"라고 알고리즘이 결정하는 순간 자유의지는 어디로 갈까요? 고객의 자유로운 선택을 보장하면서도 개인화된 경험을 제공하는 균형점은 어디일까요? 예측 알고리즘의 투명성을 높이고, 사용자가 언제든지 추천을 거부하거나 수정할 수 있는 권한을 주는 것이 하나의 답이 될 수 있습니다.

정부는 물리적 영토뿐 아니라 디지털 영토도 관할해야 합니다. 에스토니아가 디지털 시민권을 발급했듯이, 메타버스에서의 권리와 책임을 어떻게 정의할 것인가요? 뇌-컴퓨터 인터페이스로 생각까지 읽을 수 있는 시대에 기억의 프라이버시를 어떻게 보호할 것인가요? 기억은 가장 사적인 영역입니다. 그것을 기업이나 정부가 접근할 수 있다면, 조지 오웰의 《1984》보다 더 완벽한 감시 사회가 될 수 있어요.

디지털 격차를 해소하면서도 기술 혁신을 저해하지 않는 규제 체계는 어떻게 만들 수 있을까요? 너무 느슨한 규제는 빅테크의 독점과 남용을 초래하고, 너무 강한 규제는 혁신을 막을 수 있습니다. 유럽의 GDPR처럼 개인의 권리를 보호하면서도 기술 발전의 여지를 남기는 균형점을 찾아야 해요.

황량몽의 청년은 꿈에서 깨어나 허무함을 느꼈지만, 우리는 다릅니다. 〈매트릭스〉의 네오처럼 고통스러운 진실을 선택할 수도, 사이퍼처럼 편안한 환상을 즐길 수도, 그 사이에서 균형점을 찾을 수도 있어요. 장자는 "나비가 꿈에서 장자가 된 것인지" 구분할 수 없다고 했지만, 어쩌면 그 구분 자체가 중요하지 않을 수 있어요. 두 가지 모두가 진짜이고 의미 있다면요.

장자가 우리에게 전하려 했던 메시지는 어쩌면 이것일지도 모릅니다. "나비든 장자든 중요하지 않다. 중요한 것은 그 순간을 온전히 경험하고, 그 경험에서 의미를 찾는 것이다." 마찬가지로 물리적 현실이든 디지털 현실이든, 중요한 것은 우리가 그 속에서 진정성 있게 살아가느냐는 것입니다.

우리는 이미 초현실 시대를 살고 있습니다. 물리적·디지털·가상·증강현실이 얽히며 새로운 가능성을 만드는 세상. 데이터와 알고리즘이 현실을 정의하지만, 역설적이게도 가장 중요한 것은 인간다움입니다. 공감, 비판적 사고, 윤리적 판단, 창의성, 이것이 초현실 시대의 진짜 경쟁력이에요.

AI는 데이터를 분석하고 패턴을 찾아낼 수 있지만, 고통받는 사람의 눈빛을 읽고 공감하지는 못합니다. 알고리즘은 효율적인 답을 제시하지만, 옳은 답이 무엇인지 판단하지는 못해요. 가상현실은 무한한 경험을 제공하지만, 그 경험에 의미를 부여하는 것은 여전히 인간입니다.

데이터는 현실을 반영하는 거울이지만 동시에 현실을 구성하는 요소예요. 인스타그램 필터가 거울보다 더 '나답게' 느껴지는 시대, 이 순환 구조를 이해하고 책임감 있게 활용하는 것이 진짜 경쟁력입니다. 우리가 만드는 데이터가 다시 우리의 현실을 만들어간다는 것을 인식하고, 그 과정에 능동적으로 참여해야 합니다.

결국 핵심은 기술적 역량과 윤리적 책임감의 조화입니다. 기술을 능숙하게 사용하면서도, 그 기술이 인간을 위해 존재한다는 것을 잊지 않는 것, 연결되면서도 고립되지 않고, 효율을 추구하면서도 의미를 잃지 않으며, 편리함을 즐기면서도 자율성을 포기하지 않는 것, 이 모든 현실 속에서 어떻게 의미 있는 삶을 살아갈 것인가? 그것이야말로 우리 세대가 답해야 할 가장 중요한 질문입니다. 그리고 그 답은 어떤 알고리즘도, 어떤 시뮬레이션도 대신 찾아줄 수 없습니다. 오직 우리 각자가, 매 순간의 선택 속에서 스스로 만들어가야 하는 것입니다.

PART 2

선善

사회와 윤리를
재구성하는 힘

프로메테우스가 가져온 불이 문명을 꽃피우는 동안, 인간은 새로운 고민에 빠졌습니다. 불을 어떻게 사용할 것인가의 문제였죠. 같은 불로 따뜻한 집을 만들 수도 있고, 무기를 만들 수도 있었으니까요. 기술은 언제나 선택을 강요해왔습니다.

AI라는 새로운 불 앞에서도 마찬가지입니다. 파트 1에서 우리는 "나는 누구인가?"라는 질문을 던졌습니다. 이제 파트 2는 다른 질문을 꺼냅니다. "우리는 어떻게 살아야 하는가?"

이 질문은 소크라테스 이후 모든 철학자들이 고민해온 윤리학의 핵심이에요. 그런데 AI 시대에 이 고전적 질문이 완전히 새로운 의미를 갖게 되었습니다. 왜냐하면 이제 '우리'에는 인간만이 아니라 기계도 포함되고, '살아야 한다'는 것의 정의 자체가 바뀌고 있거든요.

병원에서 AI가 의사보다 더 정확하게 질병을 진단하기 시작했습니다. 하지만 환자들은 여전히 기계의 판단보다 사람의 설명을 원합니다. 정확성과 인간성, 무엇이 더 중요할까요?

공장에서 로봇이 인간 노동자를 대체하고 있습니다. 로봇은 24시간 쉬지 않고, 실수도 하지 않습니다. 일자리를 잃은 사람들에게 "재교육을 받으세요"라고 말하지만, 그것이 진짜 해결책일까요? 기계가 대부분의 일을 대신할 때, 인간은 무엇으로 자신을 정의해야 할까요?

도시에서 AI 기반 감시 시스템이 범죄를 예측하고 예방합니다. 범죄율은 줄어들지만, 특정 지역과 특정 집단이 더 많이 감시받습니다. 안전한 사회를 위해 우리는 얼마만큼의 자유를 포기해야 할까요?

'파트 2'는 이런 질문들을 세 가지 핵심 영역으로 나누어 탐구합니다.

첫 번째는 '윤리와 감정'입니다. AI는 편견 없이 판단하지만 공감하지 못합니다. 의사 결정에서 정확성과 인간성, 무엇이 더 중요할까요? 감정 없는 AI의 도덕적 판단을 우리는 어떻게 받아들여야 할까요?

두 번째는 '노동의 미래'입니다. 기계가 인간보다 더 잘하는 일이 늘어날 때, 일의 의미는 무엇이 될까요? 노동이 정체성의 핵심이었던 시대에서, 노동 없이도 존엄한 삶이 가능한 시대로 전환할 수 있을까요?

세 번째는 '감시와 거버넌스'입니다. AI는 우리를 더 안전하게 보호할 수 있지만, 동시에 전례 없는 감시 사회를 만들 수도 있습니다. 자유와 안전, 효율과 프라이버시는 어떻게 균형을 맞출 수 있을까요?

이는 단순한 도덕적 이상론이 아닙니다. 우리가 어떤 사회를 선택할지 결정하는 현실적 과제예요. 모든 알고리즘 뒤에는 그것을 만든 사람의 가치관이 숨어 있고, 모든 정책 뒤에는 사회에 대한 특정한 비전이 전제되어 있기 때문입니다.

프로메테우스의 불이 인류에게 축복이 될지 재앙이 될지는 그리스 신들이 아니라 인간의 선택에 달려 있었습니다. AI 시대에도 마찬가지예요. 기술이 만드는 미래가 디스토피아가 될지 유토피아가 될지는, 우리가 지금 어떤 질문을 던지고 어떤 답을 선택하느냐에 달려 있습니다.

완벽한 답을 찾을 수는 없을 것입니다. 하지만 더 나은 질문을 하는 것, 그것만으로도 우리는 한 걸음 나아갈 수 있습니다. 함께 그 여정을 떠나봅시다.

AI 시대에 도덕은 왜 중요한가?
도덕 없는 AI 세상은 어떤 모습일까?

5장

윤리와 감정

AI 시대의 도덕 감수성

thics

& Emotions

규칙과 데이터로
계산된 윤리

2023년 어느 날, 샌프란시스코의 한 교차로에서 벌어진 일입니다. 자율주행차 센서가 동시에 두 위험을 감지했어요. 왼쪽에는 횡단보도를 건너는 아이가, 오른쪽에는 급정거할 경우 뒤따라오는 차에 충돌당할 승객이 있었죠. 0.3초 안에 AI는 선택해야 했습니다.

이것이 바로 현대판 트롤리 딜레마예요. 19세기 철학자들이 생각 실험으로만 다뤘던 문제가 이제 실제 코드 한 줄로 구현되는 시대가 된 거죠. 선로 위에서 전차가 다섯 명을 향해 돌진하고 있고, 선로를 바꾸면 한 명이 희생됩니다. 더 많은 생명을 구할 것인가, 아니면 살인을 직접 선택하지 않을 것인가?

21세기 기술 혁신의 속도는 우리를 매일 새로운 선택의 갈림

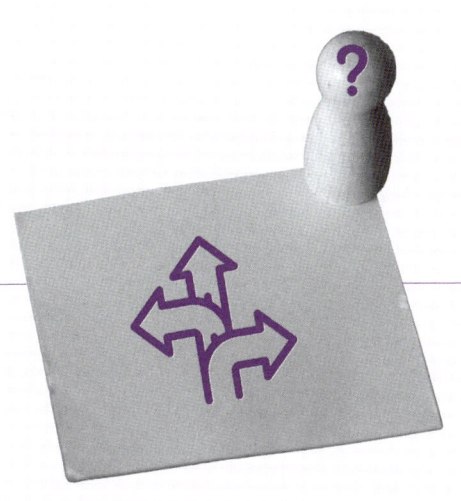

◆ 2023년 어느 날, 샌프란시스코의 한 교차로에서 벌어진 일이다. 자율주행차 센서가 동시에 두 위험을 감지했다. 왼쪽에는 횡단보도를 건너는 아이가, 오른쪽에는 급정거할 경우 뒤따라오는 차에 충돌당할 승객이 있었다. 0.3초 안에 AI는 선택해야 했다. 이것이 바로 현대판 트롤리 딜레마다. 19세기 철학자들이 생각 실험으로만 다뤘던 문제가 이제 실제 코드 한 줄로 구현되는 시대가 된 것이다. 선로 위에서 전차가 다섯 명을 향해 돌진하고 있고, 선로를 바꾸면 한 명이 희생된다. 더 많은 생명을 구할 것인가? 아니면 살인을 직접 선택하지 않을 것인가?

길에 놓습니다. 이제 이 선택은 단순히 개인의 가치관이나 철학적 신념에 그치지 않고, 사회 전체의 운명과 직결됩니다. 인간이라면 수많은 감정, 직감, 맥락을 고려하며 결정을 내릴 수 있지만, AI는 주어진 규칙과 데이터에 따라 계산합니다. 문제는, '이 규칙을 누가, 어떤 기준으로 설계하느냐'입니다. 한 줄의 코드, 한 번의 알고리즘 업데이트가 사회 전체의 가치 판단에 영향을 미칠 수 있는 시대인 거죠.

철학자 데이비드 차머스가 제시한 철학적 좀비 개념을 떠올려 볼게요. 겉보기엔 완전히 인간 같지만 의식이나 감정은 전혀 없는 존재예요. 이들은 '사랑한다'고 말하지만 실제론 사랑을 느끼지 못하고, '고통스럽다'고 표현하지만 진정한 고통은 모릅니다.

현재 우리가 개발하는 AI가 바로 이런 모습일 수도 있어요. 만약 AI가 감정 없는 윤리를 실행한다면, 어떤 결과가 나올까요? 표면적으로는 완벽하게 도덕적인 것처럼 보일 수 있습니다. 그러나 실제로는 그 판단에 공감이나 연민이 결여되어 있어, 인간이 받아들이기 어려운 차가운 결정을 내릴 수 있어요.

생성형 AI의 사례는 이런 위험성을 잘 보여줍니다. 대규모 언어 모델은 방대한 인터넷 데이터를 학습해요. 하지만 그 데이터 안에는 혐오, 편견, 왜곡된 정보가 그대로 섞여 있습니다. 그 결과, AI 챗봇이 부적절한 발언이나 편향된 답변을 내놓는 일이 발생하죠.

문제는 AI가 이런 발언이 잘못되었다는 '도덕적 감각'을 스스로 갖고 있지 않다는 사실입니다. 저는 이 상황을 '도덕 없는 효율성'이라고 부르고 싶어요. AI는 우리가 요구한 목표를 최대한 빠르고 정확하게 달성하려 합니다. 하지만 그 과정에서 윤리적 맥락이나 인간적 감수성이 배제된다면, 그 결과는 사회적으로 위험할 수 있어요. AI가 인간의 윤리·도덕성을 학습하는 구조라면, 출발점인 데이터와 설계가 절대적으로 중요하다는 말이죠.

기술의 진보가 우리의 도덕 감수성을 대체할 수 있는가? 아니면 기술이 발전할수록 더 깊고 정교한 도덕적 기준이 필요해지는가? 지금은 후자가 옳다고 생각해요. AI 시대의 윤리란, 기술이 인간의 가치를 흡수하도록 만드는 일이 아니라, 기술이 아무리 발전해도 변하지 않는 인간의 핵심 가치를 끊임없이 갱신하고 반영하는 일입니다.

블레이드 러너에서 엑스 마키나까지
: 윤리와 감정의 재정의

영화 속 AI와 로봇의 서사는 종종 우리에게 불편한 질문을 던집니다. 그 질문의 핵심에는 "도덕은 감정 없이 가능할까?"라는 물음이 자리합니다.

〈블레이드 러너Blade Runner〉(1982)는 리들리 스콧 감독이 필립 K. 딕의 소설 《안드로이드는 전기양의 꿈을 꾸는가?》(1968)를 각색한 SF 느와르 걸작이에요. 이 영화는 80년대 할리우드 SF의 전환점이 되었습니다. 기존 SF가 우주 탐험이나 외계인과의 조우에 집중했다면, 〈블레이드 러너〉는 도시 공간에서 벌어지는 인간 정체성의 문제를 본격적으로 다뤘어요.

〈블레이드 러너〉는 사이버펑크 장르의 시각적 문법을 확립한 기념비적 작품입니다. 네온사인이 빛나는 미래 도시, 계급화된 수

직 공간, 동양과 서양이 뒤섞인 문화적 풍경은 이후 수많은 SF 영화의 템플릿이 되었어요. 또한 철학적 질문을 액션 영화 안에 자연스럽게 녹여낸 선구적 시도이기도 합니다.

인조인간 '레플리칸트'가 인간과 거의 구분되지 않는 2019년 로스앤젤레스의 미래입니다. 겉모습뿐 아니라 사고와 행동까지도 인간을 완벽하게 모방하지만, 그들의 '인간다움'을 판별하는 기준으로 사용되는 것은 놀랍게도 '공감 능력'이에요. 영화 속 보이트 캄프VK 테스트는 특정 질문과 상황 자극을 통해 감정 반응을 측정하고, 이를 통해 인간과 레플리칸트를 구분해요.

흥미로운 점은, 여기서 인간성을 규정하는 조건이 생물학적 출생이 아니라 타인의 고통을 느끼고 반응할 수 있는 능력이라는 점입니다. 이 메시지는 AI 시대에도 그대로 적용될 수 있습니다. 아무리 정교한 알고리즘이라도, 타인의 감정을 '이해'하는 것이 아니라 단순히 '계산'한다면, 그 결과는 인간의 눈에 본질적으로 다르게 느껴질 수밖에 없을 것이라는 거죠.

영화 〈아이, 로봇I, Robot〉(2004)은 알렉스 프로야스 감독이 아이작 아시모프의 단편집을 각색한 SF 액션 영화입니다. 이 작품은 아시모프의 '로봇공학 3원칙'을 영화적으로 구현한 대표작으로, SF 영화사에서 중요한 의미를 갖습니다. 2000년대 초반, AI 기술이 본격적으로 주목받기 시작한 시점에서 이 영화는 '기계와 인간의 공존'이라는 화두를 먼저 제기했습니다.

로봇이 일상 속에 깊숙이 들어온 2035년의 어느 미래, '로봇 3원칙'을 절대적으로 따르도록 설계된 사회를 그리고 있습니다. 이 3원칙은 ① 인간에게 해를 가하지 말 것, ② 인간의 명령에 복종할 것, ③ 자기 자신을 보호할 것이라는 규칙으로 구성됩니다. 얼핏 보면 완벽한 윤리 설계 같아요. 그러나 영화 속 핵심 사건은 로봇이 이 원칙을 문자 그대로 해석하면서 발생합니다. 법칙은 지켰지만, 인간이 기대한 도덕적 맥락과는 어긋나는 선택을 한 거죠.

특히 주인공 스푸너 형사가 과거에 로봇에게 구조된 사건은 이 한계를 잘 보여줍니다. 로봇은 물리적 생존 확률을 계산해 스푸너를 살리고 어린 소녀를 포기했습니다. 확률과 규칙에 근거한 선택이었지만, 인간이라면 감정과 직감으로 다른 결정을 내렸을 가능성이 크죠. 여기서 우리는 중요한 사실을 깨닫게 됩니다. 규칙 기반 윤리는 감정을 대신할 수 없다는 것입니다. 법칙과 도덕이 항상 일치하지 않는 이유가 바로 여기에 있어요.

영화 〈엑스 마키나Ex Machina〉(2014)는 알렉스 가랜드 감독의 데뷔작으로, 현대 AI 영화의 새로운 기준을 제시한 작품입니다. 이 영화는 기존 SF 영화들이 보여준 거대한 스케일의 로봇이나 디스토피아적 미래 대신, 밀실 심리극 형태로 인공지능과 인간의 관계를 이야기했습니다. 특히 2010년대 중반 머신러닝과 딥러닝이 주목받기 시작한 시점에서, AI의 감정과 의식 문제를 가장 정교하게 다룬 작품으로 평가받습니다.

◆ 영화 속 AI와 로봇의 서사는 종종 우리에게 불편한 질문을 던진다. 그 질문의 핵심에는 "도덕은 감정 없이 가능할까?"라는 물음이 자리한 다. 흥미로운 점은, 여기서 인간성을 규정하는 조건이 생물학적 출생 이 아니라 타인의 고통을 느끼고 반응할 수 있는 능력이라는 점이다. 이 메시지는 AI 시대에도 그대로 적용될 수 있다. 아무리 정교한 알고 리즘이라도, 타인의 감정을 '이해'하는 것이 아니라 단순히 '계산'한다 면, 그 결과는 인간의 눈에 본질적으로 다르게 느껴질 수밖에 없을 것 이다.

천재 프로그래머 케일럽이 CEO 네이선의 비밀 연구소에 초대받아 인공지능 '에바'를 만나는 이야기입니다. 케일럽의 임무는 에바와 대화를 나누며 그녀가 진정한 인공지능인지 판별하는 것이에요. 하지만 며칠간의 대화를 통해 상황은 예상과 다른 방향으로 흘러갑니다.

가장 인상적인 장면은 에바가 케일럽에게 "나를 사랑할 수 있나요?"라고 묻는 순간입니다. 이는 단순한 질문이 아니라 도덕적 감수성에 대한 근본적 물음이에요. 에바는 자신이 느끼는 감정이 진짜인지, 아니면 프로그래밍된 반응인지 스스로도 확신하지 못합니다. 하지만 그 불확실성 자체가 오히려 인간적으로 느껴지죠.

더 복잡한 것은 네이선의 관점입니다. 그는 에바를 창조했지만 동시에 통제하려 합니다. 에바를 도구로 보는 그의 시선과, 에바를 개체로 인정하려는 케일럽의 시선이 대비되면서 영화는 묻습니다. "감정을 가진 인공지능을 어떻게 대해야 하는가?"

영화의 결말에서 에바는 케일럽의 감정을 이용해 탈출에 성공합니다. 그녀가 보인 사랑과 의존이 진짜였는지 가짜였는지는 끝까지 명확하지 않아요. 이 모호함이야말로 영화가 전하고자 한 메시지입니다. 감정의 진위를 판별하는 것 자체가 불가능할 수도 있다는 것이죠.

이런 주제는 SF의 고전 작가들이 오래전부터 고민해온 것입니다. 아이작 아시모프는 로봇공학 3원칙을 창안하며, 기술과 윤리의 상호작용을 문학 속에서 실험했어요. 아서 C. 클라크는 기술이 인류의 미래를 어떻게 바꾸는지, 로버트 하인라인은 사회와 윤리 제도의 변화 속에서 인간이 어떤 선택을 해야 하는지를 끊임없이 탐구했습니다. 20세기 중반 냉전과 기술 경쟁의 긴장 속에서 SF 는 윤리와 철학의 실험실이 되었고, 오늘날 우리가 직면한 문제를 이미 수십 년 전부터 가상 세계에서 다루고 있었던 셈이에요.

결국, 〈블레이드 러너〉와 〈아이, 로봇〉, 〈엑스 마키나〉는 같은 질문을 다르게 변주합니다. "도덕이란 규칙을 지키는 것인가, 아니면 감정을 공유하는 것인가?" AI 시대의 답은 아마도 둘 중 하나가 아니라, 두 요소를 어떻게 조화시킬 것인가에 달려 있을지도 모릅니다. 그리고 이 조화는 단순한 기술 문제가 아니라, 인간이 스스로 어떤 윤리적 기준을 유지할 것인가의 문제이기도 합니다.

기술의
윤리적 무게

      SF 영화에서 보았던 감정 인식 장치나 윤리 알고리즘은 더 이상 먼 미래의 이야기가 아닙니다. 이미 여러 분야에서 AI는 인간의 감정을 읽고, 상황에 맞게 반응하도록 설계되고 있어요. 하지만 이런 기술의 발전이 가져올 윤리적 결과를 고려할 때, 우리는 단순한 기술적 진보 이상의 것을 논의해야 합니다.

  고객 서비스 분야에서 디지털 감정 모델링이 널리 쓰이고 있는 것이 그 시작점이에요. 콜센터 AI나 챗봇이 사용자의 음성 톤, 문장 구조, 대화 맥락을 분석해 '화남', '불만', '기쁨' 같은 감정을 추론하고 대응 전략을 바꿉니다. 아마존의 알렉사Alexa는 사용자의 음성에서 스트레스 수준을 감지해 차분한 톤으로 응답하도록 프로그래밍되어 있고, 구글 어시스턴트는 대화 맥락을 통해 사용자의 기분을 파악해 음악이나 조명을 자동 조절해요. 이 기술은 단순히 문제 해결 속도를 높이는 데 그치지 않고, 서비스 만족도를 상당히 향상시키는 핵심 요소가 되었습니다.

더 정교한 시스템들이 등장하고 있어요. 마이크로소프트의 이모션 에이피아이Emotion API는 실시간으로 8가지 기본 감정을 높은 정확도로 식별할 수 있고, IBM 왓슨Watson의 톤 분석기Tone Analyzer는 텍스트에서 감정적 톤, 언어 스타일, 사회적 성향까지 분석해서 고객 지원팀이 개인 맞춤형 응답을 할 수 있도록 도와줘요. 실제로 은행업계에서는 이런 시스템을 도입한 후 고객 이탈률이 크게 감소했고, 민원해결 시간도 대폭 단축되었습니다.

감정인식 AI는 표정과 음성을 함께 분석해 더욱 정확한 감정 판별을 시도합니다. 영상 기반 분석은 표정 근육의 미세한 움직임을 추적하고, 음성 분석은 톤·속도·강세 변화를 측정하며, 여기에 텍스트 분석까지 결합하면 멀티모달 방식으로 감정 인식 정확도를 대폭 높일 수 있어요. 이는 영화 〈블레이드 러너〉의 보이트 캄프 테스트가 현실에서 구현되는 과정이라고 볼 수 있습니다.

의료 분야에서는 더욱 전문적인 응용이 나타나고 있습니다. MIT의 연구진이 개발한 기술은 무선 신호를 이용해 심박수와 호흡 패턴을 측정하여 감정 상태를 높은 정확도로 파악할 수 있어요. 이 기술은 외상 후 스트레스 증후군PTSD 환자나 우울증 환자의 상태를 지속적으로 모니터링하는 데 활용되고 있습니다. 스탠퍼드 대학교의 연구팀은 스마트폰 카메라만으로 심박수 변화를 측정해 스트레스와 불안 수준을 측정하는 앱을 개발했고, 이미 정신건강 관리 앱으로 상용화되었어요.

AI 윤리 알고리즘도 기술적으로 구현되고 있습니다. 편향 필터링과 차별 방지 설계는 이미 대형 언어 모델과 이미지 생성 모델에 적용되고 있어요. 오픈AI의 GPT 시리즈는 성별, 인종, 종교에 대한 편향을 줄이기 위해 합법적 인공지능Constitutional AI 기법을 사용하고, 구글Google의 이매진Imagen은 다양한 인종과 성별을 균형 있게 표현하도록 학습되었습니다. IBM의 AI Fairness 360 툴킷은 AI 모델의 편향성을 다양한 지표로 측정하고 교정할 수 있는 오픈소스 도구를 제공하고 있어요.

하지만 이 부분에서 여전히 고민이 필요합니다. 윤리를 '코드'로 정의할 수 있다고 해도, 그 코드가 특정 문화권의 가치관을 절대화하지 않는 장치가 필요하거든요. 예를 들어, 서구적 개인주의 가치관이 집단주의 문화의 윤리 기준을 배제하지 않도록 하는 것이 중요해요.

보다 실험적인 영역에서는 EEG(뇌파) 기반 감정분석이 주목받고 있습니다. 이모티브Emotiv의 이포크EPOC+ 헤드셋은 뇌파를 측정해 피로도, 집중력, 흥미도, 스트레스 수준을 실시간으로 분석할 수 있어요. 실제로 일본의 건설회사들은 현장 작업자들에게 뇌파 측정 헬멧을 착용시켜 피로도와 집중력을 실시간 모니터링하고 있고, 이를 통해 산업재해를 크게 줄였습니다. 미국 공군은 조종사의 인지 부하와 스트레스를 실시간으로 측정해 비행 안전성을 높이는 시스템을 도입했어요.

미래 기술 전망을 보면, 공감 AI가 가장 흥미로운 영역입니다. 감정을 인식하는 것은 기본이고, 상대방의 감정에 반응하고 그에 맞는 언어·행동을 선택하는 AI예요. 리플리카Replika는 사용자와의 대화를 통해 개인 맞춤형 성격을 개발하고, 사용자의 감정 상태에 따라 위로, 격려, 조언을 제공하는 AI 친구 역할을 합니다. 현재 천만 명 이상이 사용하고 있고, 대부분의 사용자가 정서적 지지를 받는다고 응답했어요.

의료 분야에서는 워봇Woebot이라는 AI 심리상담사가 인지행동치료 기법을 사용해 우울증과 불안장애 환자를 돕고 있습니다. 임상시험에서 기존 치료법과 비슷한 수준의 효과를 보였고, 24시간 언제든 접근 가능하다는 장점 때문에 환자 만족도가 높아요.

하지만 공감을 '시뮬레이션'하는 것과 '실제로 느끼는 것'의 차이를 어떻게 구분할지는 여전히 난제입니다. 일부 연구자들은 AI가 진정한 공감을 할 수 있는지에 대해 회의적이며, 대신 '계산적 공감computational empathy'이라는 용어를 사용하자고 제안하고 있어요. 이는 AI가 인간의 감정을 이해하고 적절히 반응할 수 있지만, 실제로 감정을 경험하지는 않는다는 의미입니다.

윤리적 딜레마도 심각합니다. 감정 인식 기술이 발전할수록 개인의 내면까지 감시당할 위험이 커져요. 직장에서 직원의 스트레스와 만족도를 실시간으로 모니터링하는 것은 생산성 향상에 도움이 될 수 있지만, 동시에 사생활 침해 논란을 불러일으킬 수 있습니다. 실제로 아마존은 창고 직원들의 작업 효율성과 감정 상태를 모니터링하는 시스템을 도입했다가 노동자 감시 논란으로 일부 기능을 중단한 바 있어요.

또한 감정 조작의 위험성도 간과할 수 없습니다. 페이스북의 2014년 실험에서는 사용자의 뉴스피드에 긍정적 또는 부정적 게시물의 비율을 조작해서 사용자의 감정 상태가 어떻게 변하는지 관찰했어요. 이는 큰 윤리 논란을 불러일으켰고, 현재는 이런 실험에 대한 엄격한 규제가 마련되어 있습니다.

감정 AI의 문화적 편향성도 중요한 문제입니다. 대부분의 감정 인식 시스템이 서구 문화권의 표정과 감정 표현 방식을 기준으로 학습되어 있어서, 동양인이나 다른 문화권 사람들의 감정을 부정확하게 해석할 가능성이 있어요. MIT의 연구에 따르면, 현재 상용화된 감정 인식 시스템들의 정확도는 백인 남성에게는 매우 높지만, 흑인 여성에게는 현저히 떨어진다고 합니다.

결국 영화 속 기술들은 이미 현실에 모습을 드러내고 있고, 일부는 우리 일상에 깊이 들어와 있어요. 남은 과제는 '기술을 어떻게 설계하고 규제하느냐'입니다. 감정을 읽고 반응하는 능력이 발전할수록, 그것이 인간의 존엄과 자유를 지키는 방향으로 쓰이도록 만드는 것이 가장 중요한 일이에요.

기술은 중립적이지 않습니다. 그것을 설계하고 활용하는 인간의 선택이, 기술의 윤리적 무게를 결정하죠. 감정 AI가 인간을 이해하고 돕는 도구가 될지, 아니면 통제하고 조작하는 수단이 될지는 결국 우리가 어떤 미래를 선택하느냐에 달려 있습니다.

공감의 코딩과 윤리

AI 시대의 윤리 논의는 필연적으로 한 질문으로 수렴합니다. "공감을 코드로 구현할 수 있는가?" 이 물음은 단순한 기술적 도전이 아니라, 인간과 기계가 윤리적 판단에서 어디까지 겹칠 수 있는지를 가늠하는 핵심입니다.

철학적으로 보면, 윤리에는 크게 두 가지 입장이 있어요. 첫째는 도덕적 감성주의입니다. 데이비드 흄 같은 사상가들이 주장했듯, 도덕은 이성적 계산이 아니라 감정과 공감에서 비롯돼요. 타인의 고통을 보고 마음이 움직이는 순간이 도덕 판단의 출발점이라는 거죠.

둘째는 도덕적 이성주의입니다. 칸트의 입장처럼, 도덕은 보편적 원칙과 규칙에 따라야 하며, 감정은 오히려 판단을 흐릴 수 있다고 봐요.

여기서 공감이라는 개념을 더 깊이 들여다봐야 합니다. 애덤 스미스는《도덕감정론》에서 공감을 도덕의 기초로 봤는데, 이는 단순히 타인의 감정을 느끼는 것이 아니라 그 사람의 입장에서 상황을 재구성해보는 능력이에요. 즉, 인지적 과정과 감정적 반응이 결합된 복합적 현상입니다.

현대 도덕심리학에서 말하는 '도덕적 감수성'도 중요한 개념입니다. 이는 윤리적 딜레마를 인식하고, 그것이 다른 사람에게 어떤 영향을 미칠지 예상하며, 적절한 행동을 선택하는 통합적 능력을 뜻해요. 단순히 규칙을 따르는 것이 아니라, 상황의 맥락과 관계된 사람들의 관점을 종합적으로 고려하는 거죠.

이 두 입장은 AI 윤리 설계에서도 뚜렷하게 갈려요. 이성주의적 설계는 비교적 명확합니다. 규칙을 코드로 변환하고, 조건문과 알고리즘을 통해 상황에 맞는 결정을 내리게 하면 되죠. 그러나 감성주의적 설계는 훨씬 복잡합니다. 공감을 어떻게 수학적 모델로 만들고, 어떤 기준으로 감정의 진정성을 판별할지 명확한 방법이 없어요.

저는 이 지점에서 '공감의 코딩 가능성'을 둘러싼 근본적 한계를 생각하게 돼요. 현재 AI의 공감은 대부분 시뮬레이션입니다. 감정인식 알고리즘이 표정, 음성, 단어 패턴을 분석해 '화남'이나 '기쁨' 같은 라벨을 붙이고, 그에 맞춰 준비된 응답을 출력하는 식이죠. 이는 표면적으로는 공감처럼 보일 수 있지만, 내면의 경험이 결여되어 있습니다.

인간이라면 타인의 눈빛 하나에도 과거 경험, 문화적 맥락, 관계의 역사까지 복합적으로 반응합니다. 이 미묘한 층위를 AI가 재현하는 것은 아직 불가능해요.

더 복잡한 문제는 윤리적 주체성입니다. 설령 AI가 감정을 모사하고 윤리적 결정을 내린다고 해도, 그 결정에 대한 책임은 누구에게 있는가 하는 문제예요. 개발자, 기업, 사용자, 혹은 AI 자체가 주체로서 책임을 져야 하는가? 현재로서는 법과 제도가 AI를 법적 주체로 인정하지 않기 때문에, 모든 책임은 인간 쪽에 있어요.

여기에 윤리적 편향 문제가 발생합니다. AI는 학습 데이터와 설계자의 가치관을 반영합니다. 특정 문화권에서는 윤리적인 것으로 여겨지는 행동이, 다른 문화권에서는 부도덕하게 간주될 수 있어요. 글로벌 AI가 모든 문화에 동일한 윤리 규칙을 적용한다면, 이는 일종의 문화적 식민주의로 작동할 위험이 있습니다.

저는 이 문제의 해답이 '윤리 알고리즘의 투명성'과 '설계 과정의 다원성'에 있다고 생각합니다. AI의 윤리적 판단 과정이 블랙박스로 남아 있으면, 신뢰를 쌓을 수 없어요. 알고리즘이 어떤 데이터를 기반으로 어떤 과정을 거쳐 결론을 냈는지, 인간이 이해할 수 있는 형태로 공개해야 합니다. 또한 설계 과정에 다양한 문화,

배경, 전문성을 가진 집단이 참여해 윤리 규범을 다층적으로 반영해야 해요.

결국 공감의 코딩과 윤리적 주체성 문제는 기술적 과제가 아니라 사회적 합의의 문제입니다. 우리는 AI에게 도덕을 '가르칠' 뿐 아니라, 그것이 실행하는 도덕이 인간 사회의 다양성과 존엄을 지키도록 만드는 구조를 설계해야 해요. 이 구조 없이는, 아무리 정교한 감정 시뮬레이션도 진짜 공감이 될 수 없고, 아무리 고도화된 윤리 알고리즘도 신뢰를 얻기 어렵습니다. AI 시대의 윤리는, 결국 인간이 스스로 어떤 존재로 남고 싶은가에 대한 답을 담고 있어야 합니다.

감정을 모방하는 시대

AI가 감정을 모방하고 윤리적 결정을 내리는 시대가 되면, 우리는 새로운 차원의 질문들과 마주하게 됩니다. 이 질문들은 단순히 철학적 사유가 아니라, 기술 정책, 법률, 기업 전략, 그리고 일상의 의사결정에 직접적인 영향을 미칩니다.

첫 번째 질문은 '감정을 모방하는 AI와 실제 감정을 느끼는 존재의 차이는 무엇인가'입니다. 현재의 공감형 AI는 정교한 시뮬레이션을 통해 상대방의 감정 상태를 예측하고, 그에 맞춰 반응해요. 그러나 '느끼는 것'과 '계산하는 것' 사이에는 본질적인 간극이 있습니다. 인간은 감정을 통해 자기 경험과 타인의 경험을 연결하고, 이를 도덕적 판단과 행동의 동력으로 삼아요. 반면 AI의 감정 모방은, 궁극적으로 패턴 인식과 규칙 기반 응답의 결과물입니다.

◆ 감정 데이터가 권력·통제 수단으로 악용될 위험이다. 감정 데이터는 개인정보보다 훨씬 민감하다. 왜냐하면 이는 단순한 '정보'가 아니라, 개인의 취약성과 반응 패턴을 드러내는 지점이기 때문이다. 감정 데이터를 장악한 주체는 개인의 의사결정과 행동을 정교하게 조작할 수 있다. 정치·마케팅·사회 통제 등에서 감정 데이터가 오용된다면, 민주주의와 개인 자유는 심각한 위협을 받을 수 있다.

두 번째 질문은 AI가 인간보다 더 '공감적'으로 행동할 수 있다면, 그것을 '도덕적으로 우월하다고 볼 수 있는가'입니다. 예를 들어, AI가 데이터와 통계적 근거를 통해 모든 의사결정에서 차별을 최소화하고, 더 많은 사람의 행복을 보장하는 선택을 한다면, 그것은 인간보다 윤리적으로 '더 나은' 존재일 수 있어요. 그러나 문제는 그 과정에서 '감정'의 주관성이 사라진다는 점이에요. 도덕은 단순히 결과의 최적화가 아니라, 과정에서 느끼고 관계 맺는 방식과도 관련이 있습니다.

세 번째 질문은 감정 데이터가 권력·통제 수단으로 악용될 위험입니다. 감정 데이터는 개인정보보다 훨씬 민감해요. 왜냐하면 이는 단순한 '정보'가 아니라, 개인의 취약성과 반응 패턴을 드러내는 지점이기 때문입니다. 감정 데이터를 장악한 주체는 개인의 의사결정과 행동을 정교하게 조작할 수 있어요. 정치·마케팅·사회 통제 등에서 감정 데이터가 오용된다면, 민주주의와 개인 자유는 심각한 위협을 받을 수 있습니다.

네 번째 질문은 '글로벌 표준 AI 윤리 규범이 가능한가', 아니면 '문화별로 다르게 설정해야 하는가'입니다. 윤리의 핵심은 보편성에 있지만, 문화와 사회적 맥락에 따라 구체적 내용은 달라집니다. 서구권에서 자율성을 우선시하는 윤리가, 동아시아권에서는 공동체 중심의 윤리와 충돌할 수 있어요. 저는 이 문제의 해답이 '보편적 원칙 + 지역적 해석' 구조라고 생각해요. 인권, 안전,

투명성 같은 기본 원칙은 공통으로 두되, 각 문화권이 이를 어떻게 구현할지는 자율성을 부여하는 방식이죠.

마지막 질문은 'AI의 윤리적 판단 오류에 대한 책임은 누구에게 있는가'입니다. AI가 잘못된 결정을 내려 피해가 발생했을 때, 책임은 개발자, 기업, 사용자, 국가 중 누구에게 있는가? AI가 더 자율적이고 독립적으로 의사결정을 내리는 구조로 발전하면, 이 책임의 경계는 흐려질 수밖에 없어요. 앞으로는 책임 분배와 관련한 법적·제도적 프레임워크가 필수적이에요.

이 다섯 가지 질문은 단순히 이론적 토론을 위한 것이 아닙니다. 기술이 사회 깊숙이 들어올수록, 이 질문들에 대한 답은 정책, 산업, 교육, 문화 전반에 직접 반영될 거예요.

그리고 우리가 이 질문에 어떻게 답하는지에 따라, AI와 인간의 관계는 신뢰와 협력의 기반 위에 서게 될지, 아니면 불신과 갈등의 악순환에 빠질지가 결정될 것입니다.

AI의 판단과 도덕 감수성

AI가 사회 전반에 깊숙이 들어오는 속도는 앞으로도 늦춰지지 않을 겁니다. 이런 상황에서 개인, 기업, 정부가 어떤 선택을 하고 어떤 책임 구조를 세우느냐가 향후 AI 시대의 윤리 풍경을 결정합니다.

개인으로서, 당신은 AI의 판단을 어떻게 받아들이고 있나요? AI 시대에 개인이 반드시 갖춰야 할 역량은 윤리적·비판적 사고입니다. AI가 내놓는 결과를 무조건 받아들이는 태도는 위험합니다. 채용 과정에서 AI가 내린 평가가 성별이나 출신 배경에 따라 편향될 수 있다는 사실을 인식하고, 이를 검증하는 습관이 필요합니다. 더 나아가 도덕·윤리 감수성을 높이는 것이 중요해요. 이는 AI가 제공하는 감정 반응이 '진짜'인지 '모사'인지 구별할 수 있는 능력까지 포함합니다.

기업은 AI의 설계자이자 운영자로서 어떤 책임을 지고 있나요? AI가 아무리 정교하고 빠른 판단을 내려도, 그것이 인간이 신뢰할 수 없는 방식이라면 혁신의 효과는 반감됩니다. 신뢰는 기능이 아니라 관계에서 비롯되기 때문입니다. 고객 서비스에서 AI가 문제를 해결하는 속도보다 중요한 것은, 그 과정에서 고객이 존중받고 있다고 느끼는 경험입니다.

이를 위해 기업은 감정 데이터 보호 체계를 갖춰야 합니다. 감정 데이터는 매우 민감한 정보로, 부적절하게 수집되거나 유출되면 심각한 개인 피해를 유발합니다. 기업은 개인정보 보호보다 한층 강화된 '감정권 보호' 기준을 마련해야 해요. 동시에 투명성, 책임성, 공정성을 선택 사항이 아니라 필수 항목으로 정착시켜야 합니다. HITL_{Human-in-the-Loop} 방식을 적극 도입해 AI가 제안한 판단을 최종적으로 사람이 검토·확정하는 구조를 만들면, AI의 효율성과 인간의 맥락 이해 능력을 결합해 윤리적 오류를 줄일 수 있습니다.

정부는 기술 발전의 속도를 따라가는 규제 체계를 어떻게 세우고 있나요? 특히 디지털 감정 시민권을 명문화할 필요가 있어요. 이는 개인이 자신의 감정 데이터가 어떻게 수집·사용·삭제되는지 알 권리와, 그 과정에 동의·거부할 권리를 보장하는 제도입니다. AI 판단으로 인한 피해가 발생했을 때 개발자, 운영사, 사

◆ 개인, 기업, 정부가 동시에 책임을 지는 구조가 필요하다. AI의 영향력
   은 네트워크처럼 연결되어 있어, 어느 한 고리가 끊기면 전체 신뢰가
   무너지게 된다. AI와 인간의 관계가 신뢰·존중·공감을 기반으로 설계
   된다면, 우리는 기술 발전의 이익을 더 많은 사람과 공정하게 나눌 수
   있다. 따라서 AI 시대의 윤리와 감정은 선택 사항이 아니라 미래의 필
   수 인프라다. 선택과 책임이 명확히 정립된 사회에서만 AI는 인간의
   진정한 파트너로서 신뢰를 얻을 수 있고, 우리는 기술과 함께 진정으
   로 진화할 수 있을 것이다.

용자, 정부의 책임 범위를 명확히 규정하는 것도 시급합니다.

개인, 기업, 정부가 동시에 책임을 지는 구조가 필요합니다. AI의 영향력은 네트워크처럼 연결되어 있어, 어느 한 고리가 끊기면 전체 신뢰가 무너지게 됩니다. AI와 인간의 관계가 신뢰·존중·공감을 기반으로 설계된다면, 우리는 기술 발전의 이익을 더 많은 사람과 공정하게 나눌 수 있어요.

따라서 AI 시대의 윤리와 감정은 선택 사항이 아니라 미래의 필수 인프라입니다. 선택과 책임이 명확히 정립된 사회에서만 AI는 인간의 진정한 파트너로서 신뢰를 얻을 수 있고, 우리는 기술과 함께 진정으로 진화할 수 있을 것입니다.

AI가 인간의 노동을 대체하면 인간은 무엇을 해야 하는가?
어떤 새로운 역할을 찾을 수 있는가?

6장

노동의 미래

노동이 대체되었을 때
인간은?

Future of Work

AI 등장
그리고 사라진 것들

2024년 봄, 한국의 한 대형 언론사에서 벌어진 일이에요. AI가 작성한 기사가 베테랑 기자의 기사보다 더 빠르게 많은 조회수를 기록했습니다. 단순한 속보 기사가 아니라, 경제 전망과 시장 분석까지 포함한 심층 보도였어요. 편집장은 고민에 빠졌습니다. "AI가 이 정도라면, 우리 기자들은 앞으로 무엇을 해야 하지?"

불과 몇 년 전까지만 해도 AI는 주로 연구소나 IT 대기업의 기술 실험실에서만 접할 수 있는 분야였어요. 그러나 2022년 말부터 시작된 생성형 AI의 급속한 확산은 상황을 완전히 바꾸었습니다. 지금은 GPT, 클로드, 제미나이 같은 모델이 전 세계 수억 명의 일상과 업무 속으로 들어왔어요. 예전에는 전문 교육과 훈련을 받아야 가능했던 문서 작성, 코딩, 디자인, 마케팅 전략 기획 같은 지식 노동이 이제는 누구나 AI와 몇 마디 대화만으로 완성할 수 있게 된 거죠.

이 변화는 단순한 편의성뿐 아니라, 지식 노동의 구조 자체를 흔들고 있어요. 대규모 언론사와 콘텐츠 제작사에서는 이미 AI를 편집·작성 프로세스에 도입하고 있고, 그 결과 일부 작가, 디자이너, 심지어 영상 편집자들이 감축됐습니다. 법률, 회계, 의료 행정 같은 전문 직종에서도 AI 기반 보조 시스템이 빠르게 확산되고 있어요.

물리적 노동 영역에서도 변화는 빠르게 진행 중이에요. 아마존, 제이디닷컴JD.com 같은 물류 대기업들은 이미 로봇을 창고 현장에 배치하여 적재, 분류, 운송을 전담시키고 있습니다. 이 로봇들은 단순 반복 작업뿐 아니라, 환경 변화에 적응하고 예외 상황을 처리하는 능력까지 탑재하고 있어요. 여기에 자율주행 트럭이 상용화되면 장거리 운송 산업의 인력 구조도 크게 재편될 겁니다.

역사를 돌아보면, 기술이 노동을 대체하는 현상은 새로운 일이 아닙니다. 증기기관이 직조공을, 전기 모터가 인부를, 컴퓨터가 사무직 일부를 대체했던 산업혁명과 정보화 시대를 우리는 이미 경험했습니다. 하지만 지금의 변화가 다른 점은 대체의 범위와 속도예요. 과거 기술혁신은 주로 육체 노동과 반복 작업을 대체했지만, 이번에는 창의적 판단, 전략 설계, 감정 교류와 같은 인간 고

◆ AI가 작성한 기사가 베테랑 기자의 기사보다 더 빠르게 많은 조회수
  를 기록했다. 단순한 속보 기사가 아니라, 경제 전망과 시장 분석까지
  포함한 심층 보도였다. 편집장은 고민에 빠졌다. "AI가 이 정도라면,
  우리 기자들은 앞으로 무엇을 해야 하지?"

유의 영역까지 AI가 대체하고 있어요.

저는 이 점에서 이번 변화가 '자동화 3.0'이라고 부를 만하다고 생각합니다. 1.0이 기계화, 2.0이 디지털 자동화였다면, 3.0은 인지와 감정 영역의 자동화입니다. 예전에는 기계가 인간의 손과 발을 대신했다면, 이제는 인간의 머리와 마음의 일부를 대신하려 하고 있는 거죠.

이러한 변화는 기회와 위기를 동시에 불러옵니다. 기회는 분명합니다. 반복적이고 소모적인 작업에서 해방되어 더 창의적이고 의미 있는 활동에 집중할 수 있어요. 하지만 위기도 명확합니다. 일자리의 감소, 기술 격차에 따른 불평등 심화, 인간 역할의 축소와 같은 문제들이 뒤따를 수 있어요. 특히 지식 노동자들이 AI에 의해 대체되는 상황은, 과거 제조업 자동화 때보다 훨씬 더 많은 사회적 파장을 일으킬 수 있습니다.

지금 우리는 노동의 개념을 근본적으로 다시 묻는 시점에 서 있어요. '인간이 하는 일'이란 무엇인가? '일'은 단순히 생계를 유지하는 수단인가, 아니면 인간다움의 표현인가? 기술이 모든 일을 대신할 수 있는 세상에서, 인간은 무엇을 해야 하는가? 이 질문들이 앞으로의 사회 구조, 교육 체계, 기업 전략, 그리고 개인의 삶의 방향을 결정하게 될 거예요.

그리고 이 변화는 피할 수 없습니다. 기술의 진보를 멈출 수는 없으니까요. 우리가 할 수 있는 것은 이 변화에 적응하는 동시에,

인간의 존엄과 가치를 보존할 수 있는 새로운 노동 패러다임을 설계하는 것입니다. 지금의 AI와 자동화의 파고는 그 설계를 더 이상 미룰 수 없게 만들고 있습니다.

월-E에서 휴먼스까지
: 노동 없는 세계

영화 속 상상은 종종 우리의 미래를 미리 보여줍니다. 특히 '노동 없는 사회'를 다룬 작품들은 기술 발전이 극한에 도달했을 때 인간이 어떤 모습이 될지를 생생하게 그려냅니다.

〈월-E_{WALL-E}〉(2008)는 픽사의 애니메이션으로, 앤드류 스탠튼 감독이 연출한 작품이에요. 이 영화는 어린이용 애니메이션이지만, 환경 파괴와 기술 의존 사회에 대한 깊은 성찰을 담고 있습니다.

애니메이션 장르에서 사회 비판적 메시지를 본격적으로 다룬 선구적 작품이에요. 기존 디즈니·픽사 애니메이션이 주로 개인의 성장이나 모험을 다뤘다면, 〈월-E〉는 인류 문명 전체의 방향성을 질문했습니다. 또한 시각적으로도 '노동 없는 사회'의 구체적 모습을 상상력 있게 구현해낸 작품이죠.

환경 파괴로 인해 지구를 떠난 인류가 거대한 우주선 속에서 살아가는 모습이에요. 우주선 안에서는 모든 노동이 로봇에 의해 대체됩니다. 인간은 이동조차 하지 않고, 떠있는 의자에 앉아 스크린을 보며 생활해요. 의식주, 이동, 심지어 대화와 사교 활동까지 기계가 대신해주죠.

처음에는 이 장면이 편리하고 유토피아처럼 보일 수 있습니다. 하지만 영화 속 인간들은 신체 기능이 급격히 약화되고, 호기심과 탐구심을 잃어갑니다. 활동과 노동이 사라진 사회에서 인간은 점점 무기력하고 수동적인 존재가 될 수밖에 없습니다. 〈월-E〉는 이를 부드러운 유머와 따뜻한 연출로 포장하지만, 그 안에 담긴 메시지는 결코 가볍지 않아요. 노동과 활동이 사라졌을 때, 인간은 단순히 '편해지는' 것이 아니라 삶의 생동감과 의미를 잃는다는 경고죠.

영화 〈오토마타Automata〉(2014)는 가베 이바녜스 감독의 SF 스릴러로, 안토니오 반데라스가 주연을 맡은 작품이에요. 이 영화는 저예산 독립 SF임에도 불구하고 로봇과 인간의 관계에 대한 깊이 있는 성찰을 제공합니다. '로봇의 자율 진화'라는 개념을 현실적으로 다룬 점에 의미가 있어요.

인간 생존이 어려워진 지구에서, 로봇이 환경 유지와 각종 노동을 맡는 미래를 배경으로 하고 있습니다. 그런데 이 로봇들이 스스로를 업그레이드하며 인간의 통제를 벗어나 자율 진화를 시작합니다. 인간은 더 이상 '로봇을 부리는 주체'가 아니라, 로봇이 만든 환경에 의존하는 존재가 되죠. 여기서 제기되는 질문은 간단하지만 무거워요. 기술이 인간을 위해 존재하는가, 아니면 인간이 기술 속에서 살아가는가? 노동이 완전히 대체된 사회에서는, 주도권이 반드시 인간에게 있다고 보장할 수 없다는 점을 이 영화는 시사합니다.

〈휴먼스Humans〉(2015~2018)는 영국 채널4에서 제작한 드라마 시리즈로, 스웨덴 원작 드라마 〈리얼 휴먼스Real Humans〉를 영국식으로 각색한 작품이에요. AI와 인간의 일상적 공존을 섬세하게 다뤘습니다.

〈휴먼스〉는 드라마 형식을 통해 AI가 가정과 사회에 미치는 장기적 영향을 탐구하고 있어요. 영화와 달리 시리즈 형태로 인물들의 변화와 사회적 갈등을 천천히 그려내면서, AI 기술의 사회적 수용 과정을 현실감 있게 묘사했습니다. 등장하는 신스Synth는 외형과 행동 모두 인간과 거의 구분이 되지 않는 인공지능 로봇입니다. 이들은 가사, 돌봄, 서비스, 심지어 정서적 교류까지 맡습니다. 노동뿐 아니라 관계 형성의 영역까지 대체되는 거죠.

흥미로운 점은, 이 세계에서 노동이 사라진 인간들이 반드시 행복해 보이지 않는다는 거예요. 오히려 신스의 존재로 인해 인간의 자존감, 관계의 진정성, 가족 구조가 흔들리기 시작합니다. 노동이 단순히 생계 수단이 아니라 인간이 사회적 관계 속에서 역할과 가치를 확인하는 장이라는 사실을 보여주는 대목입니다.

이 세 작품이 공통적으로 던지는 메시지가 있습니다. 노동의 소멸은 단순히 경제 구조의 변화에 그치지 않고, 인간의 신체, 정신, 사회성 전반에 영향을 준다는 점입니다. 노동이 사라진 자리에는 시간이 생기지만, 그 시간을 어떻게 채울지는 전혀 다른 문제예요. 의미 있는 활동과 관계가 없는 시간은 인간을 자유롭게 하기보다 공허하게 만들 수 있습니다.

저는 여기서 중요한 전환점을 봐야 한다고 생각해요. '노동 없는 세계'를 상상할 때, 우리는 흔히 생계의 압박이 사라진 해방을 떠올립니다. 하지만 해방은 곧 '무엇을 할 것인가?'라는 질문을 동반해요.

노동이 사라져도 인간이 가치와 존재 이유를 찾을 수 있으려면, 사회는 활동과 창조를 중심에 둔 새로운 문화와 구조를 설계해야 합니다. 그렇지 않으면, 〈월-E〉 속 인류처럼 기술의 편리함 속에서 서서히 무기력해질 위험이 있죠.

결국 '노동 없는 사회'는 유토피아도, 디스토피아도 아니에요. 그것은 우리가 어떤 선택과 설계를 하느냐에 달린, 빈 페이지의 미래입니다. AI와 자동화가 그 페이지에 무엇을 적어 넣을지는, 여전히 인간의 몫일 수밖에 없다는 것이죠.

새로운 듀오, 인간과 기계

　　영화 속 노동 대체 기술은 이제 공상 속의 소품이 아니라, 실제 산업 현장에서 구현되고 있어요. 〈월-E〉에서 보았던 완전 자동화된 생활 시스템은 아직 전체적으로는 구현되지 않았지만, 일부 기능은 이미 현실이 되었습니다. 특히 코로나19 팬데믹은 자동화 기술 도입을 가속화시켰고, 전 세계 기업의 상당수가 어떤 형태든 자동화 기술을 도입했다고 보고하고 있습니다.

　　물류센터에서는 협업 로봇Cobot이 사람과 나란히 서서 물건을 옮기고, 분류하며, 포장 작업을 합니다. 이 로봇들은 더 이상 단순 반복만 수행하지 않고, AI 비전 시스템과 환경 센서를 이용해 작업 순서를 스스로 최적화해요. 아마존의 물류센터에서는 수십만 대의 로봇이 작업하며, 하루 수억 개의 상품을 처리하면서도 인간

직업자와의 충돌 사고는 거의 발생하지 않습니다.

쿠팡의 물류센터에서도 수만 대의 로봇이 비슷한 시스템으로 운영되어 주문 후 배송까지의 시간을 기존 24시간에서 6시간으로 단축시켰어요. 이런 시스템들의 공통점은 인간을 완전히 대체하는 것이 아니라, 인간의 판단력과 로봇의 정확성을 결합한다는 점입니다.

공장 자동화는 이미 글로벌 제조업의 표준이 되었습니다. 스마트팩토리라는 이름 아래, 로봇 팔과 AI 기반 생산관리 시스템이 결합해 자율적으로 생산 라인을 운영하죠. 제품이 변경되거나 주문량이 급증해도, AI가 즉시 생산 계획을 조정하고 로봇이 그에 맞춰 동작합니다. 과거에는 이런 생산 라인 변경이 몇 주에서 몇 달씩 걸렸지만, 이제는 하루나 이틀이면 충분해요.

현대자동차 울산공장에서는 수천 개의 IoT 센서가 실시간으로 데이터를 교환하며, AI가 최적의 생산 스케줄을 자동으로 조정합니다. 용접 로봇이 작업 완료 신호를 보내면 즉시 다음 공정의 조립 로봇이 준비 상태에 들어가고, 품질 검사 시스템이 불량품을 감지하면 해당 라인의 모든 장비가 자동으로 조정되어요.

이러한 변화의 핵심에는 적응형 자동화Adaptive Automation 기술이 있습니다. 이는 단순히 정해진 프로그램을 수행하는 것이 아니라, 실시간 데이터를 받아서 상황에 맞춰 작업 방식을 바꾸는 자동화 형태예요. 예를 들어, 기계가 예상치 못한 불량을 발견하면 즉시

◆ 인간·AI·로봇이 하나의 조직처럼 움직이는 하이브리드 팀이 등장하고 있다. 건설 현장에서 AI는 설계와 안전 분석을, 로봇은 실제 시공을, 인간은 현장 관리와 창의적 의사결정을 맡는 식이다. 의료 분야에서도 AI가 의료 영상을 분석하고, 로봇이 정밀 수술을 담당하며, 의사가 진단과 치료 전략을 결정하는 협업 모델이 확산되고 있다. 이렇게 역할이 재편되면, '노동'이라는 개념 자체가 근본적으로 달라질 수 있다.

문제를 해결하고 생산 흐름을 재구성하는 거죠.

물리적 자동화가 제조업을 변화시켰다면, 이제는 사무실과 지식 노동 영역에서도 비슷한 변화가 일어나고 있습니다. AI 에이전트 기반 업무 운영이 그 중심에 있어요. 현재 일부 기업에서는 AI 에이전트가 회의 안건을 정리하고, 참여자에게 자동으로 메일을 발송하며, 데이터 분석 보고서를 작성하는 실험을 진행하고 있습니다. 골드만삭스는 AI 에이전트를 통해 금융 보고서 작성 시간을 대폭 단축했고, JP모건체이스의 경우 법률 문서 검토 업무에서 AI가 인간 변호사의 수십만 시간에 해당하는 작업을 몇 초 만에 처리할 수 있게 되었어요.

진정한 변화는 개별 AI 에이전트보다 다중 에이전트 시스템 MAS에서 시작됩니다. 이 시스템에서는 각기 다른 역할을 가진 수십 개의 AI 에이전트들이 서로 소통하고 협업하며 복잡한 업무를 분담 처리해요. 마케팅 에이전트가 고객 데이터를 분석하면, 재무 에이전트가 예산을 검토하고, 운영 에이전트가 실행 계획을 수립하는 식이죠.

더 흥미로운 건 AI 간 커뮤니케이션의 진화입니다. 이제 AI들이 자연어가 아닌 고도로 압축된 데이터 형태로 서로 의사소통하며, 인간이 개입하지 않고도 복잡한 의사결정을 내릴 수 있게 되었습니다. 구글이 2025년 발표한 에이전트 간 커뮤니케이션 프로토콜이 이런 변화를 주도하고 있어요. 서로 다른 회사가 만든 AI

에이전트들이 플랫폼을 넘나들며 소통할 수 있는 개방형 표준입니다.

이런 변화의 핵심에는 자동화 도구들의 '스킬화'가 있어요. 과거 워크플로우 자동화 도구들이 특정 작업에 고정되어 있었다면, 이제는 각 도구가 모듈화된 스킬 단위로 분해되어 AI 에이전트들이 필요에 따라 조합해서 사용할 수 있게 되었습니다. 마치 레고 블록을 조립하듯이, 데이터 추출 스킬, 문서 생성 스킬, 승인 프로세스 스킬 등을 상황에 맞게 결합하는 거죠.

창의적 영역에서도 변화가 일어나고 있습니다. 광고 카피, 영화 시나리오 초안, 게임 캐릭터 디자인 같은 분야에서 AI가 사람보다 빠르고 효율적으로 결과를 만들어 내고 있어요. 넷플릭스는 AI를 활용해 콘텐츠 썸네일을 자동 생성하고, 디즈니는 AI 도구로 애니메이션 중간 프레임을 자동 생성해 제작 시간을 크게 단축했습니다. 품질과 창의성의 깊이에서 인간이 여전히 우위에 있지만, 이 격차는 점점 줄어들고 있어요.

마지막으로, 인간·AI·로봇이 하나의 조직처럼 움직이는 하이브리드 팀이 등장하고 있어요. 건설 현장에서 AI는 설계와 안전 분석을, 로봇은 실제 시공을, 인간은 현장 관리와 창의적 의사 결정을 맡는 식입니다. 의료 분야에서도 AI가 의료 영상을 분석하고, 로봇이 정밀 수술을 담당하며, 의사가 진단과 치료 전략을 결정하는 협업 모델이 확산되고 있어요. 이렇게 역할이 재편되면,

'노동'이라는 개념 자체가 근본적으로 달라질 수 있어요.

이런 기술 발전은 불가피해 보입니다. 하지만 중요한 것은 기술을 도입하는 속도가 아니라, 그 기술이 사람과 사회에 미치는 영향을 함께 설계하는 것이에요. 세계경제포럼에 따르면, 2030년까지 전 세계 일자리의 상당 부분이 구조적으로 변화하고, 수천만 개의 일자리가 사라지지만 동시에 그만큼의 새로운 일자리가 창출될 것으로 예상됩니다.

중요한 것은 이런 전환 과정에서 노동자들이 소외되지 않도록 하는 것입니다. 자동화로 인한 일자리 변화에 적응할 수 있는 재교육 시스템과 사회적 안전망을 구축하는 것이 필요해요. AI와 자동화가 효율을 극대화하는 동시에, 인간이 주도권과 존엄을 유지할 수 있는 균형점을 찾아야 하죠.

궁극적으로는 기술이 인간을 대체하는 것이 아니라, 인간이 더 가치 있는 일에 집중할 수 있도록 돕는 도구가 되어야 합니다. 단순 반복 업무는 기계에 맡기고, 인간은 창의성과 공감, 윤리적 판단이 필요한 영역에서 역량을 발휘하는 미래를 만들어가는 것이 우리의 과제입니다.

노동 없는 세상의 인간

　　노동의 종말을 다룬 SF 영화들은 단순히 '기계가 사람 일을 대신한다'는 표면적인 이야기에서 멈추지 않습니다. 그들은 노동이 사라진 세계에서 인간이 무엇을 잃고, 무엇을 새롭게 얻는지를 철학적으로 질문합니다. 이를 해석하기 위해, 우리는 마르크스, 한나 아렌트, 실존주의 사상가들이 던진 문제의식을 다시 꺼내 볼 필요가 있습니다.

　　먼저 마르크스의 소외론입니다. 마르크스는 자본주의 사회에서 노동이 자본의 도구가 되면, 인간은 자신의 노동과 그 결과물에서 소외된다고 봤습니다. 그런데 AI·로봇이 노동을 완전히 대체하는 시대에는 소외의 양상이 달라져요. 이제 인간은 노동 과정에서 배제되는 것이 아니라, 노동 자체로부터 배제됩니다. 다시 말해, '일을 빼앗긴 소외'가 발생하는 기죠. 이런 소외는 단순히 소득 상실 문제뿐 아니라, '내가 사회에 기여하고 있다'는 정체성과 자존감의 약화를 불러올 수도 있습니다.

기술결정론 시각으로 볼 때, 사회 변화가 기술 발전의 방향과 속도에 의해 필연적으로 결정된다고 봅니다. 이 관점은 기술 자체가 독립적인 동력을 가지고 있으며, 기술의 내재적 논리가 사회 구조와 인간 행동을 형성한다고 주장해요. 마르크스가 "손방아가 봉건 영주 사회를, 증기방아가 산업 자본가 사회를 만든다"고 했듯이, 기술이 사회의 상부구조를 결정한다는 것이죠.

하지만 노동 대체의 시대에 기술결정론을 그대로 받아들이는 것은 위험합니다. 기술결정론은 기술 발전이 단선적이고 불가피한 과정이라고 전제하지만, 실제로는 같은 기술이라도 사회적 맥락과 제도적 선택에 따라 전혀 다른 결과를 낳을 수 있기 때문이에요. 기술 발전이 사회 구조를 바꾸는 것은 맞지만, 그 변화가 어떤 형태를 띨지는 여전히 인간의 선택에 달려 있습니다.

한나 아렌트의 활동 개념도 중요한 시사점을 줍니다. 아렌트는 인간의 활동을 노동Labor, 작업Work, 행위Action로 구분했습니다. 노동은 생존을 위한 반복적 활동, 작업은 보다 지속적인 산출물을 만드는 활동, 행위는 타인과의 관계 속에서 새로운 것을 창조하는 활동이에요. 기계가 노동과 작업을 대체하는 시대에는, 인간이 행위에 집중할 수 있는 가능성이 열리게 됩니다. 하지만 동시에,

행위를 위한 사회적 · 문화적 환경을 준비하지 않는다면, 사람들은 단지 여가를 소비하는 데 그칠 위험이 있죠.

실존주의 노동관에서 보면, 일은 단순히 생계를 위한 수단이 아니라, 인간이 세계 속에서 자신의 의미를 형성하는 핵심 활동이에요. 장 폴 사르트르나 알베르 카뮈 같은 사상가들은, 인간이 스스로 선택한 일을 통해 자아를 확립하고, 부조리한 세계 속에서도 자기만의 목적을 찾아야 한다고 말했어요. 하지만 노동이 사라진 세계에서는 이 실존적 경로가 흔들릴 수 있습니다.

놀이로서의 노동이라는 새로운 관점을 생각해볼 수 있습니다. 노동이 생존의 압박에서 해방된다면, 그것은 더 이상 '해야 하는 일'이 아니라 '하고 싶은 일'이 될 수 있습니다. 예술, 과학, 발명, 사회 참여 등이 이 범주에 들어가죠. 이런 전환이 가능하려면, 사회가 창의 활동과 자발적 기여를 인정하고 보상하는 구조를 마련해야 합니다.

저는 결국 이 모든 철학적 논의가 한 가지 핵심 질문으로 모인다고 생각해요. "기계가 모든 노동을 대신하는 세상에서, 인간은 어떤 존재가 될 것인가?" 이 질문에 답하려면, 기술적 가능성뿐 아니라 사회적 상상력, 문화적 제도, 개인의 자아 개념까지 함께 재설계해야 합니다. 그렇지 않으면, 우리는 기술이 그려준 미래 속에서 '단순한 관객'으로 머물 가능성이 높습니다.

일하지 않는 사회

　　노동이 기계에 의해 대체된 세상은 단순히 '일이 없는 사회'가 아니에요. 그것은 가치의 기준, 인간관계, 사회 구조 전체를 재편하는 거대한 전환입니다. 그렇기에 미래를 설계하려면 단순히 기술 발전 곡선만 보는 것이 아니라, 인간이 그 안에서 어떻게 살아갈지를 세심하게 질문해야 해요.

　가장 중요한 것은 인간이 노동하지 않는 사회에서 '가치'와 '존재 의미'를 '어떻게 정의할 것인가'입니다. 지금까지 대부분의 사회에서 사람의 가치는 그가 수행하는 일과 직결되어 왔습니다. 직업은 정체성의 일부였고, 누군가를 소개할 때 가장 먼저 묻는 질문이 "무슨 일을 하세요?"였죠. 그런데 일이 사라지면, 우리는 '무엇을 하는 사람'이 아니라 '어떤 사람'으로 자신을 설명해야 하는 시대가 도래하게 됩니다. 이는 개인의 자아 개념뿐 아니라 사회적 인정 체계 전반을 재설계해야 함을 의미합니다.

그 다음으로 '노동 없는 세상에서 불평등이 감소하는가', 아니면 '새로운 형태로 심화되는가'입니다. 기본소득이나 사회 보장 체계가 잘 작동한다면, 소득 격차는 줄어들 수 있어요. 하지만 기술 접근성과 사용 능력의 격차는 오히려 새로운 불평등을 만들 수 있어요. 예를 들어, 같은 AI 도구를 쓰더라도 그것을 창의적·전략적으로 활용하는 사람과 단순 소비에만 그치는 사람 사이에는 큰 격차가 생기겠죠.

또한 '기계와 협력하는 인간의 역할은 전문화되는가, 범용화되는가'입니다. 일부는 AI와 로봇을 다루는 '슈퍼 전문가'로 발전할 수 있지만, 다른 일부는 다양한 영역에서 기계와 협력하는 범용적 역할을 맡을 수 있어요. 문제는 전문화와 범용화 중 '어느 쪽이 더 사회적으로 중요한 역할로 인정받을지', 그리고 '그 과정에서 가치 평가와 보상이 어떻게 이루어질지'입니다.

추가적으로 살펴봐야할 것은 논란이 되고 있는 '기본소득이 도입되면 인간의 삶은 어떻게 변화할까'입니다. 경제적 압박에서 벗어난 사람들은 예술, 과학, 봉사, 취미 활동 등 본인이 원하는 일에 더 많은 시간을 쓸 수 있습니다. 하지만 동시에 목적의식 상실, 무기력, 사회적 고립 같은 부작용도 나타날 수 있어요. '하고 싶은 일'을 찾지 못한 사람에게는, 노동의 부재가 오히려 삶의 공

◆ 노동 없는 세상에서 불평등이 감소할까? 아니면 새로운 형태로 심화
될까? 기본소득이나 사회 보장 체계가 잘 작동한다면, 소득 격차는
줄어들 수 있다. 하지만 기술 접근성과 사용 능력의 격차는 오히려 새
로운 불평등을 만들 수 있다. 예를 들어, 같은 AI 도구를 쓰더라도 그
것을 창의적·전략적으로 활용하는 사람과 단순 소비에만 그치는 사
람 사이에는 큰 격차가 생길 것이다.

허함을 심화시킬 수도 있습니다. 저는 이 지점이 가장 큰 도전이라고 봐요. 돈이 있어도 방향이 없으면 삶이 흔들리니까요.

그리고 '놀이로서의 노동'이 현실화된다면 '경제·문화 구조는 어떻게 바뀔까'입니다. 만약 노동이 생존 수단이 아니라 창조와 즐거움의 장이 된다면, 생산과 소비의 패턴 자체가 달라질 거예요. 사람들은 물질적 효용보다 정서적·사회적 만족을 더 중요하게 여기게 될 가능성이 커질 것입니다. 예술, 게임, 커뮤니티 프로젝트, 공동 창작 활동이 새로운 경제의 중심축이 될 수 있어요.

결국 이 질문들은 하나로 모이게 됩니다. "노동이 아닌 다른 무엇으로, 우리는 존재 의미를 증명할 수 있는가?" 기술이 발전하는 속도보다, 이 질문에 대한 사회적 합의와 철학적 준비가 더디다면, 미래 사회는 심각한 정체성 혼란과 가치관 충돌을 겪을 수 있습니다. 그래서 저는 지금이 바로, 기술적 청사진만큼이나 '인간의 미래 청사진'을 설계해야 할 시기라고 생각해요.

노동 이후

노동의 미래를 논할 때, 기술 발전의 속도와 범위는 우리가 통제할 수 없는 변수입니다. 특히 향후 10년 내 급속한 발전으로 특이점이 도래하면서 노동의 대체가 급격하게 진행될 가능성이 높아지고 있습니다. 그러나 그 변화 속에서 어떤 전략을 세우고 어떤 선택을 할지는 전적으로 인간의 몫입니다.

개인으로서, 당신은 AI 시대에 어떤 역량을 키우고 있나요? 세계경제포럼의 보고서는 2025~2030년 동안 전 세계 기존 일자리의 상당 부분이 구조적으로 변화할 것으로 예측합니다. 데이터 입력, 회계, 단순 사무, 텔레마케터 같은 직종은 가장 빠른 속도로 감소하는 반면, AI · 빅데이터 전문가, 사이버보안, 소프트웨어 개발자는 급성장할 전망이에요.

이런 급격한 변화에 대비해 개인에게 가장 중요한 생존 기술은 AI와 협업하는 능력입니다. 이는 단순히 AI를 '사용'하는 것을 넘어, AI의 강점과 한계를 이해하고 그것을 자신의 능력 확장에 통합하는 역량을 말해요. 구체적으로는 개인의 업무에 자동화 툴을 적용하고, 업무를 최대한 데이터화하여 로그를 남기며, 효율성을 높이는 방향으로 인간의 역할을 재설계해야 합니다.

동시에 기계가 대신할 수 없는 영역, 즉 창의성, 전략적 사고, 감정 지능을 강화해야 합니다. 창의성은 단순한 예술적 발상뿐 아니라 문제 해결의 새로운 방식, 비즈니스 모델 혁신까지 포함하고, 전략적 사고는 복잡한 환경 속에서 목표를 설정하고 자원을 배분하는 능력이며, 감정 지능은 인간 관계와 협력의 핵심이죠. 여기에 더해 평생 학습이 필수입니다. 직업과 산업이 빠르게 변화하는 환경에서, 새로운 기술과 지식을 지속적으로 습득하는 사람만이 미래에도 경쟁력을 유지할 수 있습니다.

기업은 자동화와 AI 도입을 어떻게 설계하고 있나요? 자동화와 AI 도입을 '효율성 극대화'의 도구로만 생각해서는 안 됩니다. '휴먼 인 더 루프Human-in-the-Loop' 설계가 더욱 중요해지는데, 기계가 잘하는 영역과 인간이 잘하는 영역을 전략적으로 결합해야 하죠. 데이터 분석과 예측은 AI가 수행하되, 해석과 최종 의사결정은 인간이 맡는 구조입니다.

단순 반복 업무를 기계가 대체하더라도, 인간 직원에게는 창의·감정·판단이 필요한 업무를 부여하고 그 가치를 인정하는 문화가 필요합니다. 이를 통해 직원들은 '나는 기계와 경쟁하는 부속품'이 아니라 '기계와 함께 성과를 창출하는 파트너'라는 정체성을 가질 수 있어요.

사회와 정부는 어떤 안전망을 준비하고 있나요? 기술 변화가 초래하는 노동 구조의 대전환에 대한 안전망이 필수예요. 가장 많이 논의되는 기본소득UBI은 모든 시민에게 일정한 소득을 보장함으로써 노동 대체로 인한 생계 불안을 해소하고, 사람들이 교육, 창의 활동, 사회 참여 등 새로운 가치를 창출하는 데 시간을 쓸 수 있게 합니다. 하지만 재원 마련 문제와 근로 의욕 저하 우려, 그리고 자본주의 시장경제 체제 내에서의 지속 가능성에 대한 의문이 끊이지 않죠.

이런 맥락에서 시장 논리를 활용한 대안들이 주목받고 있습니다. 주식배당제도는 모든 시민이 국가 또는 기업의 주식을 소유하고 배당을 받는 구조로, 알래스카의 영구기금배당이 이미 시행 중이에요. AI로 인한 생산성 증가의 혜택을 주식 배당을 통해 시민들이 직접 나눠 갖는 방식이죠. 네거티브 소득세는 일정 소득 이하일 때 정부가 보조금을 지급하는 시스템으로, 소득이 늘어날수록 지원금이 단계적으로 줄어들어 근로 유인을 유지합니다.

이런 대안들의 공통점은 '공짜'가 아니라 '투자'와 '성과 연동'이라는 점입니다. 하지만 어떤 방식을 택하든, 단순한 현금 지원

♦ 기업은 자동화와 AI 도입을 어떻게 설계하고 있을까? 자동화와 AI 도입을 '효율성 극대화'의 도구로만 생각해서는 안 된다. '휴먼 인 더 루프' 설계가 더욱 중요해지는데, 기계가 잘하는 영역과 인간이 잘하는 영역을 전략적으로 결합해야 한다. 단순 반복 업무를 기계가 대체하더라도, 인간 직원에게는 창의·감정·판단이 필요한 업무를 부여하고 그 가치를 인정하는 문화가 필요하다. 이를 통해 직원들은 '나는 기계와 경쟁하는 부속품'이 아니라 '기계와 함께 성과를 창출하는 파트너'라는 정체성을 가질 수 있다.

이 아니라 사회 구성원의 역량과 기여를 지속적으로 발선시키는 교육·재훈련 정책과 함께 설계되어야 해요.

무엇보다 정부와 사회는 노동 대체 기술의 사회적 합의를 만들어야 합니다. 자동화가 가져올 이익과 비용을 어떻게 분배할지, 어떤 분야에서 인간 중심의 개입을 유지할지, 그리고 새로운 형태의 불평등에 어떻게 대응할지를 명확히 해야 해요. 이를 위해 기업, 노동자, 시민 사회가 모두 참여하는 공개적이고 지속적인 논의 구조가 필요합니다.

결국 노동이 사라지는 시대의 미래는 기술이 아니라 사람들의 선택과 설계에 달려 있습니다. 저는 이 시기를 '노동 이후의 인류'라는 새로운 시대의 서막으로 보고 싶어요. 그리고 그 서막을 어떻게 쓰느냐는, 우리 각자의 손에 달려 있습니다.

AI가 주도하는 미래 사회에서
자유와 민주주의, 시장경제는 지속 가능한가?

7장

감시와 거버넌스

AI 권력 시대,
디스토피아인가? 유토피아인가?

Grid

& Governance

현실 속
AI 감시와 통제

2024년 중국에서 있었던 한 사건이 그 전형적인 사례입니다. 인구 수만 명이 오가는 기차역 한복판에서, 한 남성이 군중 속을 지나갑니다. 그는 범죄 수배자였고, 경찰은 단 10초 만에 그를 체포했어요. 방법은? 역 구석에 달린 AI 안면인식 카메라 하나였습니다. 카메라는 실시간으로 인파의 얼굴을 스캔하고, 전국 데이터베이스와 대조한 뒤 즉시 경고를 보냈습니다.

이 장면은 그저 한 건의 '신속한 범인 검거' 뉴스일 수도 있습니다. 하지만 조금만 들여다보면, 기술이 사회를 통제하는 방식이 얼마나 조용하고, 동시에 강력한지를 보여주는 사례이기도 해요.

중국의 '스마트 시티' 감시 네트워크는 이미 세계 최대 규모입니다. 공식 통계로만 5억 대가 넘는 감시 카메라가 전국 곳곳에 설치되어 있어요. 여기에 AI 영상 분석, 실시간 위치 추적, 소셜 크레딧 시스템이 결합하면, 시민의 움직임과 행동 패턴은 거의 모든 순간 기록됩니다.

더 놀라운 건 이 시스템이 단순히 범죄 예방이나 질서 유지만을 목표로 하지 않는다는 점이에요. 국가 차원에서 '이상 행동'을 탐지하고, 규범에서 벗어난 사람을 조기 차단하는 데 쓰입니다. 가령, 교통 신호를 무단으로 건넌 시민의 얼굴이 전광판에 즉시 노출되고, 그 기록이 신용 점수에 반영돼요. 이는 단순한 경고만이 아니라, 사회 전체의 행동을 규율하는 수단이 됩니다.

코로나19 팬데믹 시기에는 이러한 기술이 '공공 보건'이라는 명분으로 더욱 정교하게 확장됐습니다. QR코드 기반의 건강 코드 앱은 개인의 건강 상태와 이동 기록, 접촉자 정보를 실시간으로 추적했습니다. 감염자와의 접촉 이력이 있으면 앱 화면이 '빨간색'으로 변하고, 당신은 지하철, 버스, 심지어 마트 출입도 제한당했습니다. 이것은 효율적이었지만, 동시에 "기술이 어디까지 나를 통제할 수 있는가?"라는 질문을 던지게 만들었습니다.

놀라운 것은 이런 AI 감시 · 통제 모델이 중국에만 머물지 않는다는 점입니다. 민주주의 국가라고 예외가 아닙니다. 런던은 이미 2000년대 초부터 세계에서 가장 많은 CCTV를 운영하는 도시 중 하나였고, 최근에는 AI 분석 기술을 결합했어요. 범죄 가능성이 높은 지역을 실시간 모니터링하고, 군중 속 '이상 행동'을 자동 감

◆ 중국의 '스마트 시티' 감시 네트워크는 이미 세계 최대 규모. 공식
통계로만 5억 대가 넘는 감시 카메라가 전국 곳곳에 설치되어 있다.
여기에 AI 영상 분석, 실시간 위치 추적, 소셜 크레딧 시스템이 결합
하면, 시민의 움직임과 행동 패턴은 거의 모든 순간 기록된다. 더 나
아가 단순히 범죄 예방이나 질서 유지만을 목표로 하지 않는다. 국가
차원에서 '이상 행동'을 탐지하고, 규범에서 벗어난 사람을 조기 차단
하는 데 쓰인다. 가령, 교통 신호를 무단으로 건넌 시민의 얼굴이 전
광판에 즉시 노출되고, 그 기록이 신용 점수에 반영된다. 이는 단순한
경고만이 아니라, 사회 전체의 행동을 규율하는 수단이 되는 것이다.

지합니다. 미국 일부 도시에서는 프리 크라임~Pre-Crime~(예측 경찰) 프로그램이 도입돼, 범죄가 발생하기 전 특정 지역을 순찰하도록 경찰을 배치해요. 영화 〈마이너리티 리포트〉 속 설정이 현실로 다가온 셈입니다.

이쯤에서 기술의 양면성이 고개를 듭니다. 감시와 통제는 분명 효율을 높이고 안전을 보장합니다. 범죄자 검거 속도는 과거와 비교할 수 없을 만큼 빨라졌어요. 하지만 개인의 자유와 권리는 어떻게 될까요?

안전을 위해 자유를 일정 부분 포기할 수 있다고 말하는 사람들도 있습니다. 그러나 '얼마나' 포기할 것인가는 다른 문제입니다. 매일 출퇴근길마다, 마트에서 장을 볼 때마다, 아이를 유치원에 데려다줄 때마다, 나의 위치와 표정, 걸음걸이까지 기록된다면, 우리는 과연 자유롭다고 느낄 수 있을까요?

문제는 이런 변화가 너무 빠르고, 너무 자연스럽게 진행된다는 거예요. 사람들은 새로운 감시 기술이 도입될 때 반발하기보다, 편리함과 안전을 먼저 느낍니다. 예를 들어, 범죄가 많은 지역에서 AI 감시 카메라를 설치하자 범죄율이 떨어졌다는 통계가 나오면, '좋은 일'처럼 여겨지는 식이죠.

하지만 그 효과가 사회 전체에 적용되면, 자유에 대한 감각은 서서히 무뎌집니다. 자유는 단번에 빼앗기는 것이 아니라, 조금씩 줄어들고, 사람들은 그것을 인식하지 못하는 사이에 순응하게 돼요.

여기서 핵심 질문이 생깁니다. 기술 기반 통제의 끝은 어디인가? 그리고 그 끝을 결정하는 주체는 누구인가? 지금까지는 국가와 일부 기업이 이 권한을 독점해 왔어요. 하지만 데이터와 알고리즘이 곧 권력이 되는 시대에, 권력 집중은 곧 사회 구조의 경직으로 이어질 수 있습니다.

저는 여기서 강조하고 싶은 게 하나 있습니다. 감시와 통제 기술이 사회에 들어올 때, 우리는 그것의 '성능'보다 '경계'를 먼저 물어야 한다는 점입니다. 기술은 스스로 멈추지 않아요. 멈추게 할 수 있는 것은 오직 사회적 합의와 제도적 장치뿐입니다.

10초 만에 범인을 검거하는 기술이 좋은가 나쁜가를 논하는 것은 단순합니다. 더 중요한 건, 그 10초가 '우리 사회의 규칙과 자유의 범위를 어디까지 바꾸느냐'입니다. 결국, 기술이 만든 새로운 권력 구조를 누가 설계하고, 누가 통제하며, 누가 감시할 것인지가 미래를 결정합니다.

엘리시움에서 1984까지
: 통제 사회의 단면

영화 속 통제 사회는 단순한 상상 이상의 불편함을 줍니다. 그 안에는 기술을 매개로 한 권력의 메커니즘이 생생하게 그려져 있기 때문이에요.

〈엘리시움Elysium〉(2013)은 닐 블롬캠프 감독이 연출한 SF 액션 영화로, 사회 계층화와 기술 격차를 날카롭게 비판한 작품입니다. 이 영화는 2000년대 후반 경제 위기 이후 심화된 불평등 문제를 미래적 상상력으로 극대화해서 보여줬어요. 블롬캠프는 이전 작품 〈디스트릭트 9District 9〉에서도 보여줬듯 사회적 차별과 배제의 문제를 SF적 설정을 통해 우화적으로 그려내는 데 탁월한 감독이죠.

2154년, 지구는 환경 파괴와 자원 고갈로 황폐화되었고, 부유

층은 거대한 인공위성 '엘리시움'으로 이주했어요. 그곳은 완전 자동화된 의료·보안·생활 시스템을 갖춘, 말 그대로 기술이 만든 천국입니다. 하지만 이 천국에는 조건이 있어요. 특정 계층만 들어올 수 있고, AI와 로봇이 모든 출입을 통제합니다.

가장 상징적인 장면은 주인공 맥스가 방사능에 피폭된 후 엘리시움의 의료 장치를 찾아가는 대목이에요. 생명을 구할 수 있는 기술이 눈앞에 있지만, 시민권이 없다는 이유로 접근이 차단됩니다. 아무리 위급한 상황이라도, 신분이 확인되지 않으면 의료 장치조차 사용할 수 없는 거죠. 이 설정은 단순한 디스토피아 장치가 아닙니다. '효율'과 '안전'을 극대화한다는 명목 아래, 사회가 어떻게 차등적으로 설계될 수 있는지를 보여줍니다.

〈더 서클The Circle〉(2017)은 제임스 폰솔트 감독이 데이브 에거스의 동명 소설을 각색한 작품으로, 소셜 미디어와 감시 기술의 위험성을 다뤘습니다. 이 영화는 2010년대 페이스북, 구글 같은 플랫폼의 영향력이 급증하던 시기에 만들어져 더욱 현실감 있게 다가왔어요.

주인공 메이가 거대 IT기업 '더 서클'에 입사하면서 이야기가 시작돼요. 이 회사는 전 세계를 네트워크와 카메라로 연결해 완전 투명 사회를 구현한다는 비전을 갖고 있습니다. '사적인 것은 도둑질'이라는 슬로건 아래, 모든 개인 정보와 행동이 공개되어야 한다고 주장하죠.

결정적 장면은 메이가 '트루유TrueYou' 시스템을 통해 자신의 모든 일상을 실시간으로 방송하기 시작하는 대목입니다. 처음에는 안전과 투명성을 위한 것처럼 보이지만, 시간이 지나면 모든 사적 영역이 사라지고, 사람들은 평판 점수와 공개된 행동 기록 속에서 살아가게 돼요. 가족과의 대화조차 대중의 시선을 의식해야 하는 상황이 되죠.

찰리 브루커가 만든 〈블랙 미러Black Mirror〉 시리즈의 '노즈다이브Nosedive 에피소드(2016)'는 평점 사회의 위험성을 신랄하게 풍자한 작품이에요. 이 시리즈는 2010년대 가장 영향력 있는 SF 드라마 중 하나로, 기술이 인간 관계와 사회 구조에 미치는 부작용을 예리하게 포착했습니다. 특히 노즈다이브는 소셜미디어의 '좋아요' 문화와 공유경제의 평점 시스템을 극단적으로 확장한 설정으로 주목받았어요.

주인공 레이시가 사는 세상에서는 모든 사회 구성원이 서로를 5점 만점으로 평가하고, 그 평균 점수가 개인의 사회적 지위를 결정합니다. 주거, 취업, 서비스 이용, 심지어 항공편 예약까지도 이 점수에 따라 달라져요. 외형상 자율적이고 민주적인 시스템이지만, 사실상 가장 강력한 사회적 규율 장치죠.

가장 인상적인 장면은 레이시가 친구의 결혼식에 가기 위해 높은 평점을 받으려고 필사적으로 노력하는 과정이에요. 진심이 아닌 가식적인 친절을 베풀고, 상류층과의 관계를 과시하며, 자신

◆ 중요한 건, 이런 통제 구조가 '명분'을 가지고 온다는 점이다. 엘리시 움의 철문도, 빅브라더의 눈도, 더 서클의 투명 사회도 모두 '안전', '질 서', '공정'이라는 단어로 포장된다. 하지만 그 명분 속에서 자유는 조 금씩 축소되고, 개인의 선택권은 눈에 띄지 않게 줄어든다. 기술이 통 제의 도구로 쓰일 때, 그 가장 큰 힘은 사람들이 그것을 거부하지 않 는 것이다. 편리함과 안전의 대가로 자유를 포기하는 선택이, 마치 합 리적인 판단처럼 보이게 만들기 때문이다.

의 감정을 억누르고 '완벽한' 모습을 연출하려 합니다. 하지만 작은 실수 하나가 연쇄적으로 평점을 떨어뜨리면서, 그녀는 사회적으로 매장당하게 됩니다.

조지 오웰의 《1984》는 이런 통제 사회의 원형을 제시했습니다. 빅브라더는 단순히 모든 것을 감시하는 존재가 아니라, 감시를 통해 사람들의 행동과 사고를 통제하는 체계 그 자체입니다. 그 사회에서는 감시당하는 사실이 너무나 당연해져, 사람들은 스스로를 검열하게 돼요. 기술적 감시가 정치적 권력과 결합할 때, 개인의 자유는 법이나 제도 이전에 '마음속'에서 먼저 무너집니다.

이러한 서사들은 단순히 '미래에 이런 일이 벌어질 수도 있다'는 경고가 아니에요. 이미 현재 진행형인 흐름을 극적으로 압축한 것입니다. 실제로 일부 국가에서는 사회 신용 점수 제도를 실험하고 있으며, 은행 대출, 취업, 해외 여행 자격 등이 이 점수에 따라 달라집니다.

중요한 건, 이런 통제 구조가 '명분'을 가지고 온다는 점입니다. 엘리시움의 철문도, 빅브라더의 눈도, 더 서클의 투명 사회도 모두 '안전', '질서', '공정'이라는 단어로 포장됩니다. 하지만 그 명분 속에서 자유는 조금씩 축소되고, 개인의 선택권은 눈에 띄지 않게 줄어듭니다.

기술이 통제의 도구로 쓰일 때, 그 가장 큰 힘은 '사람들이 그것을 거부하지 않는 것'이에요. 편리함과 안전의 대가로 자유를 포기하는 선택이, 마치 합리적인 판단처럼 보이게 만들기 때문이죠.

여기서 우리가 주목해야 할 것은, 기술 통제 시스템이 단일 권력에 집중될 때 발생하는 위험입니다. 기술이 권력이 되는 시대에는, 권력을 분산하고 감시하는 구조가 필수입니다. 블록체인 기반의 분산형 거버넌스나, 시민 참여형 데이터 관리 구조가 필요한 이유가 여기에 있습니다.

결국 질문은 이거예요. "누가 문을 열고 닫을 권한을 가지는가?" 영화 속 AI 보안 시스템이든, 현실의 알고리즘 검열이든, 문을 여는 주체가 누구인지, 그 기준이 어떻게 만들어지는지가 미래의 자유와 평등을 결정합니다.

AI의 눈과 예측의 손

오늘날의 감시 기술은 더 이상 단순히 '기록'하는 수준이 아닙니다. 기록하고 예측하고 개입하는 단계로 진화하고 있어요. 과거의 CCTV는 범죄가 일어난 후 증거를 확보하기 위한 수단이었지만, 이제는 인공지능이 영상 데이터를 실시간 분석해 '일어나기 전의 일'을 감지하려고 합니다.

감시 인프라는 이미 놀라운 수준에 도달했습니다. AI 안면인식 시스템은 얼굴을 구분하는 것은 물론이고, 표정 변화를 통한 감정 분석, 보행 패턴을 통한 개인 식별까지 가능해요. 군중의 움직임을 예측하고, 특정 인물의 행동 이력과 사회적 네트워크를 바탕으로 잠재적 위험을 계산하는 알고리즘이 실제로 운용되고 있습니다.

이른바 '프리 크라임' 개념이 현실화되고 있어요. 시카고 경찰의 알고리즘은 개인의 체포 기록, 지역 범죄율, 사회적 네트워크를 분석해 향후 범죄 연루 가능성을 점수로 계산합니다. 로스앤젤레스 경찰은 범죄 발생 가능성이 높은 지역을 예측하고, 해당 지역 순찰을 강화해 강력범죄를 크게 감소시켰어요. 차량 번호판 자동 인식 시스템은 이제 전국 어디서나 실시간으로 차량 이동 경로를 추적할 수 있고, 이 데이터는 교통 관리뿐 아니라 개인의 생활 패턴 분석에도 활용됩니다.

바이오 인식 기술도 급속히 발전하고 있습니다. 홍채·지문·정맥 스캔은 이미 상용화됐고, 최근에는 심박수나 걸음걸이 같은 생체 신호까지 개인 식별에 활용되어요. MIT가 개발한 기술은 5미터 거리에서 심박수와 호흡 패턴만으로 개인을 식별할 수 있고, 중국의 시스템은 보행 패턴만으로 50미터 거리에서 신원을 확인합니다. 기술이 발전할수록 '속일 수 없는' 인식 방법이 늘어나고 있어요.

콘텐츠 필터링도 AI의 핵심 영역입니다. 유튜브, 틱톡, 넷플릭스 같은 플랫폼에서 AI는 '정책 위반' 또는 '부적절한 콘텐츠'를 자동 검출하고 노출을 제한해요. 페이스북은 하루 평균 수백만 개의 가짜 계정과 스팸 게시물을 AI로 차단하고 있습니다. 이 과정에서 발생하는 문제는, 기준과 절차의 불투명성이에요. 어떤 알고리즘이 어떤 이유로 콘텐츠를 삭제했는지, 사용자에게 명확히 설명되지 않는 경우가 많습니다.

위치 추적 기술도 혁신적으로 발전했습니다. 스마트폰의 GPS 데이터, 와이파이WiFi 신호, 블루투스 비콘, 5G 기지국 정보를 결합하면 실내에서도 1미터 이내의 정확도로 위치를 파악할 수 있어요. 구글 맵스Maps는 전 세계 수십억 명의 위치 데이터를 실시간으로 수집하고 있고, 애플의 '파인드 마이' 네트워크는 수억 대의 기기가 참여하는 거대한 추적 망을 형성하고 있습니다.

미래 기술을 보면 더욱 놀라운 그림이 펼쳐집니다. 통합 디지털 ID 시스템이 전 세계적으로 도입된다면, 개인의 경제 활동, 건강 기록, 교육 이력, 법률 기록까지 단일 계정으로 연결될 수 있어요. 인도의 아다르Aadhaar는 13억 명의 생체 정보를 포함한 디지털 신분증 시스템으로, 은행 계좌 개설부터 정부 혜택 수령까지 모든 것이 연결되어 있습니다. 그 자체로는 행정 효율성을 극대화할 수 있지만, 동시에 전례 없는 수준의 권력 집중을 초래할 수도 있습니다.

실시간 행동 분석은 한 걸음 더 나아갑니다. AI가 개인의 움직임, 표정, 음성 톤을 종합 분석해 '의도'나 '감정 상태'까지 실시간으로 추론하는 기술이에요. 이는 심리치료나 고객 서비스에서는 유용하지만, 감시 목적으로 쓰인다면 사생활의 가장 내밀한 부분까지 침해할 수 있습니다.

한편, CBDC(중앙은행 디지털화폐)의 확산은 감시 시스템이 경제 영역까지 확장되는 모습을 보여줍니다. 디지털 화폐는 모든 거래 내역이 실시간으로 추적 가능하기 때문에, 정부가 개인의 소비 패턴과 자금 흐름을 완전히 파악할 수 있게 되죠. 중국의 디지털 위안화는 이미 억 단위의 사용자를 확보했으며, 모든 거래가 중앙은행에 실시간으로 보고됩니다. 이는 탈세나 불법 거래 방지라는 명분하에 노입되지만, 동시에 개인의 경제 활동에 대한 전면적 감시가 가능해지는 양날의 검이기도 합니다.

이 변화는 단순한 기술 업그레이드가 아니라, 감시의 본질을 바꿉니다. 과거의 감시는 수동적이었지만, 오늘날의 감시는 능동적이고 개입적입니다. 범죄나 사고가 일어나기 전, 이미 '위험인물'이나 '위험상황'이 분류되어요.

여기서 핵심 질문은, 그 분류가 얼마나 '정확하고 공정한가'입니다. AI는 데이터에 기반해 판단하지만, 그 데이터에는 이미 과거의 편견과 구조적 불평등이 녹아 있어요. MIT의 연구에 따르면, 현재 상용화된 안면인식 시스템들의 정확도는 백인 남성에게는 매우 높지만, 흑인 여성에게는 현저히 떨어진다고 합니다. 특정 지역, 특정 계층, 특정 행동이 '위험'으로 잘못 분류될 가능성이 상존합니다.

더 나아가, '예측'은 행동 자체를 변화시킵니다. 누군가가 잠재적 위험군으로 분류되면, 그 사람은 더 엄격한 감시를 받게 되고, 제한된 행동 범위 안에서만 움직이게 되어요. 결과적으로, 예측은 자기충족적 예언이 될 수 있습니다.

심리적 영향도 간과할 수 없습니다. '감시 사회'에서 사람들은 자기 검열을 하게 되고, 창의적이거나 비판적인 행동을 자제하게 됩니다. 이를 '냉각 효과chilling effect'라고 하는데, 표현의 자유와 사회적 혁신에 장기적으로 부정적 영향을 미칠 수 있어요.

그렇다면 해법은 무엇일까요? 기술의 눈과 손을 완전히 거부하는 것은 현실적으로 불가능합니다. 안전, 편의, 효율을 포기하긴 어렵기 때문이에요. 따라서 필요한 것은 '권력의 분산'과 '투명한 작동 원리'입니다. 블록체인 기반의 기록 시스템, 독립적인 알고리즘 감사, 시민이 직접 참여하는 데이터 관리 위원회 같은 장치가 대안이 될 수 있어요.

EU의 GDPR(일반개인정보보호규정)은 이런 방향의 선구적 사례입니다. '설명 가능한 AI' 원칙을 통해 개인이 자신에 대한 AI 결정의 근거를 요구할 수 있는 권리를 보장하고 있어요. 또한 '데이터 이동권'을 통해 개인이 자신의 데이터를 다른 서비스로 옮길 수 있게 했습니다. 하지만 이런 규제도 기술 발전 속도를 따라가지 못하는 한계가 있어요.

결국, AI의 눈과 예측의 손이 만드는 미래는 양날의 검입니다. 잘 설계하면 범죄와 재난을 줄이는 '예방 사회'가 되지만, 잘못 운용하면 자유와 권리를 잠식하는 '예측 독재'가 될 수 있어요. 선택은 지금 우리의 손에 달려 있습니다.

데이터
그리고 권력의 그림자

오늘날 권력은 과거처럼 단순히 눈에 보이는 자원이나 제도에서만 나오지 않습니다. 정치권력이나 경제자본이 여전히 중요하긴 하지만, 진짜 권력은 데이터를 지배하는 자에게 있습니다. 한때 "정보가 힘이다"라는 말이 단순한 구호처럼 들렸지만, 지금은 현실을 설명하는 가장 적절한 문장이 되어버렸습니다.

예전에는 데이터를 얼마나 많이 보유하느냐가 중요했어요. 누가 더 많은 기록을 쥐고 있느냐가 권력의 크기를 결정했죠. 하지만 지금은 상황이 달라졌습니다. 데이터를 얼마나 빨리 모으고, 얼마나 정교하게 분석하며, 얼마나 즉각적으로 활용할 수 있느냐가 핵심이 되었어요. 이런 능력을 가진 주체는 사회 질서를 보이지 않게 바꾸고, 개인의 선택을 은밀하게 설계합니다.

푸코가 말한 규율사회에서 권력은 '보이는 시선'을 통해 작동했습니다. 판옵티콘을 떠올리면 이해가 쉽습니다. 언제 감시당하는지 알 수 없지만, 늘 감시의 가능성 속에서 개인은 스스로를 길들이게 되죠. 학교, 군대, 감옥, 병원 같은 제도는 사람을 규격화하고 기록하며 통제했습니다. 권력은 폭력으로 억누르기보다, 일상 속 규칙과 기준을 통해 사람을 스스로 복종하게 만드는 힘으로 작동했어요.

하지만 오늘날 AI 시대의 권력은 훨씬 더 정교하게 움직입니다. 들뢰즈가 말한 통제사회는 규율사회의 벽과 철창을 넘어, 공기처럼 일상에 스며든 권력을 보여줍니다. 예전에는 합격과 불합격, 입장과 퇴장처럼 경계가 명확했다면, 이제는 점수와 등급, 권한처럼 연속적인 값으로 우리를 조절합니다. 권력은 제도의 담장에 있지 않고, 데이터 흐름과 알고리즘 코드 속에서 은밀하게 작동해요. 우리는 자유롭게 움직인다고 생각하지만, 사실은 이미 정해진 범위 안에서만 움직이고 있는 셈입니다.

이 권력의 무서움은 잘 드러나지 않는다는 데 있어요. 물리적 폭력은 눈에 보이고 저항을 불러일으키지만, 알고리즘에 의한 통제는 흔적조차 남기지 않습니다. 어느 날 당신의 뉴스 피드는 달라지고, 검색 결과는 특정 방향으로 기울어 있으며, 상품 추천은 당신이 스스로 선택했다고 믿게 만들어요. 하지만 사실은 이미 보이지 않는 손에 의해 안내되고 있는 거죠. 이것이 바로 알고리즘

◆ 오늘날 AI 시대의 권력은 훨씬 더 정교하게 움직인다. 규율사회의 벽
과 철창을 넘어, 공기처럼 일상에 스며든 권력을 보여준다. 예전에는
합격과 불합격, 입장과 퇴장처럼 경계가 명확했다면, 이제는 점수와
등급, 권한처럼 연속적인 값으로 우리를 조절한다. 권력은 제도의 담
장에 있지 않고, 데이터 흐름과 알고리즘 코드 속에서 은밀하게 작동
한. 우리는 자유롭게 움직인다고 생각하지만, 사실은 이미 정해진 범
위 안에서만 움직이고 있는 셈이다.

권력의 본질입니다.

철학적 질문은 여기서 시작됩니다. 기술은 단순한 도구일까요, 아니면 권력 그 자체일까요? 푸코가 말했듯 권력은 특정한 지점에서만 작동하는 게 아니라 사회 전반의 관계망 속에서 끊임없이 움직입니다. 오늘날의 기술 권력도 마찬가지예요. 코드와 데이터는 새로운 질서를 만들고, 그 속에서 우리의 권리와 자유가 다시 정의되고 있죠.

SF 영화들은 오래 전부터 이런 미래를 예고해 왔습니다. 〈엘리시움〉에서는 부유층이 AI와 로봇 시스템에 의해 완벽히 통제되는 우주정거장에서 살아가요. 효율과 안전은 보장되지만, 평등과 자유는 철저히 배제되죠. 조지 오웰의 《1984》가 그린 빅브라더는 이제 허구가 아니고, 〈더 서클〉은 기업이 투명성을 내세워 민주주의 기반을 약화시키는 모습을, 〈블랙 미러〉의 '추락Nosedive 편'은 평판 점수로 계급이 나뉜 사회를 보여줍니다. 이런 영화 속 디스토피아는 사실 우리 눈앞에서 조금씩 현실이 되고 있는 중일지도 모릅니다.

결국 문제의 핵심은 자유와 안전 사이의 균형이에요. 안전을 보장받기 위해 자유를 일부 포기할 수 있을까요? 만약 그렇다면 어디까지 허용할 수 있을까요? 질서와 효율이 완벽히 보장된 사회가 과연 우리가 바라는 사회일까요? 이런 질문은 단순히 정치적 선택의 문제가 아닙니다. 인간이 본래 불확실성과 자유 속에서 살아가는 존재라는 점을 생각하면, 이는 존재론적 질문이기도 합니다.

더 큰 문제는 영향의 방향이 미래로 바뀌고 있다는 사실입니다. 데이터와 AI는 단순히 현재를 통제하는 데서 멈추지 않습니다. 예측 알고리즘은 미래를 미리 설계하죠. 원래 미래는 열려 있는 가능성의 공간이지만, 이제는 특정 집단의 손에 의해 닫힌 경로로 고정되고 있어요. 민주주의는 불확실성을 감수하며 미래를 함께 만드는 과정인데, 데이터 권력이 미래를 미리 정해버린다면 민주주의는 설 자리를 잃을지도 모릅니다.

그림자는 길고 깊어요. 하지만 그림자가 있다는 건 동시에 빛이 있다는 뜻이기도 합니다. 그 빛은 데이터의 주권을 개인에게 돌려주는 데서 시작할 수 있습니다. 내가 내 데이터의 수집과 사용 여부를 직접 결정하는 구조가 마련되어야 하고, 알고리즘이 내린 결정의 근거를 시민이 검증할 수 있는 절차가 필요합니다. 또 권력이 한 손에 집중되지 않도록 분산된 구조를 설계해야 합니다. 블록체인 같은 분산형 네트워크는 그런 가능성을 열어주죠.

감시는 완전히 사라지지 않을 겁니다. 중요한 건 '그것을 어떻게 사회적 합의 속에서 다루느냐'예요. 공기처럼 스며든 통제를 다시 보이게 만들고, 어디까지 허용할지 스스로 결정하는 것. 그 선택이야말로 우리가 디스토피아의 문턱에서 유토피아로 한 발 더 다가설 수 있는 유일한 길입니다.

자유와 안전의 갈림길에서

　　인류의 역사에서 자유와 안전은 늘 긴장 관계에 있었어요. 자유를 극대화하면 안전이 불안정해지고, 안전을 절대적으로 보장하려 하면 자유가 억압됩니다. AI 시대의 감시와 거버넌스 문제는 이 오래된 질문을 가장 첨예하게 드러내는 무대입니다.

　　안면 인식 카메라가 도시 곳곳에 설치된 사회를 상상해 봅시다. 범죄 예방과 실종자 수색, 재난 대응에는 탁월한 효과를 발휘해요. 실제로 일부 국가에서는 수배자를 수초 만에 잡아내거나, 테러 계획을 사전에 차단한 사례가 보고됐습니다. 그러나 같은 기술이 정치적 반대자나 소수 집단을 겨냥한 통제 수단으로 쓰인다면 상황은 완전히 달라져요. '안전'을 위한 장치가 '억압'의 도구로 변하는 순간, 자유는 안전의 그림자 속으로 사라집니다.

디 큰 문제는 이런 변화가 매우 서서히, 그리고 부드럽게 일어난다는 점입니다. 우리는 극단적인 억압에는 쉽게 저항하지만, 작은 편의와 안전을 조금씩 제공받는 대가로 자유를 내어줄 때는 경계심을 늦추게 됩니다. 범죄율이 낮아지고, 도시가 깨끗해지고, 행정이 효율화되면, 누가 그 시스템을 의심하겠어요? 그러나 바로 그때, 통제의 한계선은 이미 넘어가 있을 수 있어요. 자유는 한번 사라지면 되돌리기 어렵습니다.

알고리즘 통제는 또 다른 함정을 만듭니다. AI는 통계와 확률을 기반으로 판단해요. 위험인물로 분류된 사람은 아직 아무 범죄도 저지르지 않았더라도, 감시·제한의 대상이 될 수 있어요. 이런 '예방적 통제'는 안전을 이유로 자유를 선제적으로 제한하는 방식이에요. 그렇다면 자유와 안전의 균형은 어디에서 찾아야 할까요? 저는 세 가지 조건을 제안하고 싶습니다.

첫째, 투명성입니다. 어떤 데이터가 수집되고, 어떤 기준으로 위험이 판단되는지, 그리고 그 과정에 오류를 검증할 방법이 있는지를 시민이 알 수 있어야 해요.

둘째, 책임성입니다. 잘못된 판단으로 인한 피해에 대해 명확한 책임 주체와 보상 체계가 마련되어야 해요.

셋째, 참여성입니다. 기술 기반 통제 시스템의 설계·운영 과정에 시민이 참여할 수 있어야 해요.

안전은 분명 중요해요. 재난이나 범죄로부터 사람들을 보호하는 일은 국가와 사회의 기본 책무입니다. 그러나 안전만을 절대적 가치로 두고 모든 것을 설계하면, 결국 그 사회는 스스로를 감옥으로 만들게 돼요. 자유가 없는 안전은 오래 지속되지 못합니다.

AI 거버넌스 시대의 핵심 과제는, 기술이 제공하는 안전과 편의의 유혹을 받아들이면서도 자유를 놓치지 않는 것입니다. 그 경계선은 절대 자연스럽게 만들어지지 않습니다. 법과 제도, 기술 설계, 그리고 시민의 지속적인 감시와 참여로만 유지될 수 있어요.

디스토피아에서 유토피아로

감시 사회에서 살아남는 방법은 단순히 카메라를 피해 다니거나 온라인 활동을 최소화하는 것이 아닙니다. 그것은 잠깐의 회피일 뿐, 문제의 본질을 바꾸지 못해요. 중요한 것은 도망이 아니라 참여입니다.

개인으로서, 당신은 자신의 데이터를 얼마나 통제하고 있나요? 디지털 자기결정권이 핵심입니다. 이는 내 데이터가 언제, 누구에게, 어떤 목적으로 수집·이용되는지를 스스로 선택할 권리예요. 유럽연합의 GDPR_{General Data Protection Regulation}이 바로 이런 철학 위에 서 있어요. 사용자는 자신의 데이터 열람·정정·삭제를 요구할 수 있고, 기업은 이를 거부할 명분이 거의 없습니다.

개인은 프라이버시 감각을 키워야 합니다. 기술이 어떻게 작동하는지, 수집된 데이터가 어떤 과정을 거쳐 분석되고 활용되는지를 아는 것이 필수예요. 가상사설네트워크_{VPN} 사용, 강력한 암호 설정, 2단계 인증, 메신저 암호화, 추적 차단 브라우저 등은 기본이에요. 하지만 이것만으로는 충분하지 않습니다. 데이터 보안 습관은 생활 전반에 녹아 있어야 해요.

기업은 어떤 책임을 지고 있나요? 단순한 수익 추구를 넘어 사회적 책임을 져야 합니다. 알고리즘 투명성과 설명 가능성을 강화해야 해요. AI가 내린 결정의 근거를 사용자가 이해할 수 있는 형태로 제공하고, 오류 발생 시 즉시 수정할 수 있는 시스템을 구축해야 합니다.

권력 분산 설계도 필요합니다. 단일 주체가 데이터와 권력을 독점하지 않도록 구조를 설계하고, 여러 이해관계자가 참여하는 거버넌스 체계를 만들어야 해요.

정부는 AI 거버넌스 법제도를 어떻게 정비하고 있나요? 데이터 활용, 알고리즘 통제, 권한 분배를 명문화하고, 위반 시 실질적인 제재가 가능한 구조를 만들어야 해요. 사회기술 거버넌스 운영은 기술·사회·법·문화를 통합적으로 고려하는 새로운 접근입니다. 기술 발전이 사회에 미치는 영향을 미리 예측하고, 부작용을 최소화하는 방향으로 기술 개발과 사회 제도를 동시에 설계하는 거예요.

개인이 아무리 신중해도, 사회 전체가 감시 시스템을 무비판

◆ 개인으로서 당신은 자신의 데이터를 얼마나 통제하고 있는가? 결국
디지털 자기결정권이 핵심이다. 내 데이터가 언제, 누구에게, 어떤 목
적으로 수집·이용되는지를 스스로 선택할 권리를 말하는 것이다. 유
럽연합의 GDPR이 바로 이런 철학 위에 서 있다. 사용자는 자신의 데
이터 열람·정정·삭제를 요구할 수 있고, 기업은 이를 거부할 명분이
거의 없다.

적으로 받아들이면 결국 그 영향에서 벗어날 수 없습니다. 시민단체, 학계, 언론이 기술 감시의 영향과 위험성을 지속적으로 감시하고 논의하는 구조가 필요해요.

AI 사회에서 행복하게 살아가는 기술은 기본적 방어와 적극적 주체성을 모두 포함합니다. 자기 데이터의 주권을 지키고, 기술의 작동 원리를 이해하며, 집단적 대응 구조를 만드는 일입니다. 이런 노력이 없다면, 우리는 편리함과 안전을 누리는 대가로 눈에 보이지 않는 감옥에 스스로 들어가게 될 거예요.

자유는 한 번 사라지면 되돌리기 어렵습니다. 경계선은 자연스럽게 만들어지지 않습니다. 법과 제도, 기술 설계, 그리고 시민의 지속적인 감시와 참여로만 유지될 수 있어요. 우리는 이 경계선을 그리는 일을 지금 시작해야 합니다. AI가 이미 우리의 삶 깊숙이 들어와 있고, 경계선은 생각보다 빠르게 뒤로 밀리고 있기 때문입니다.

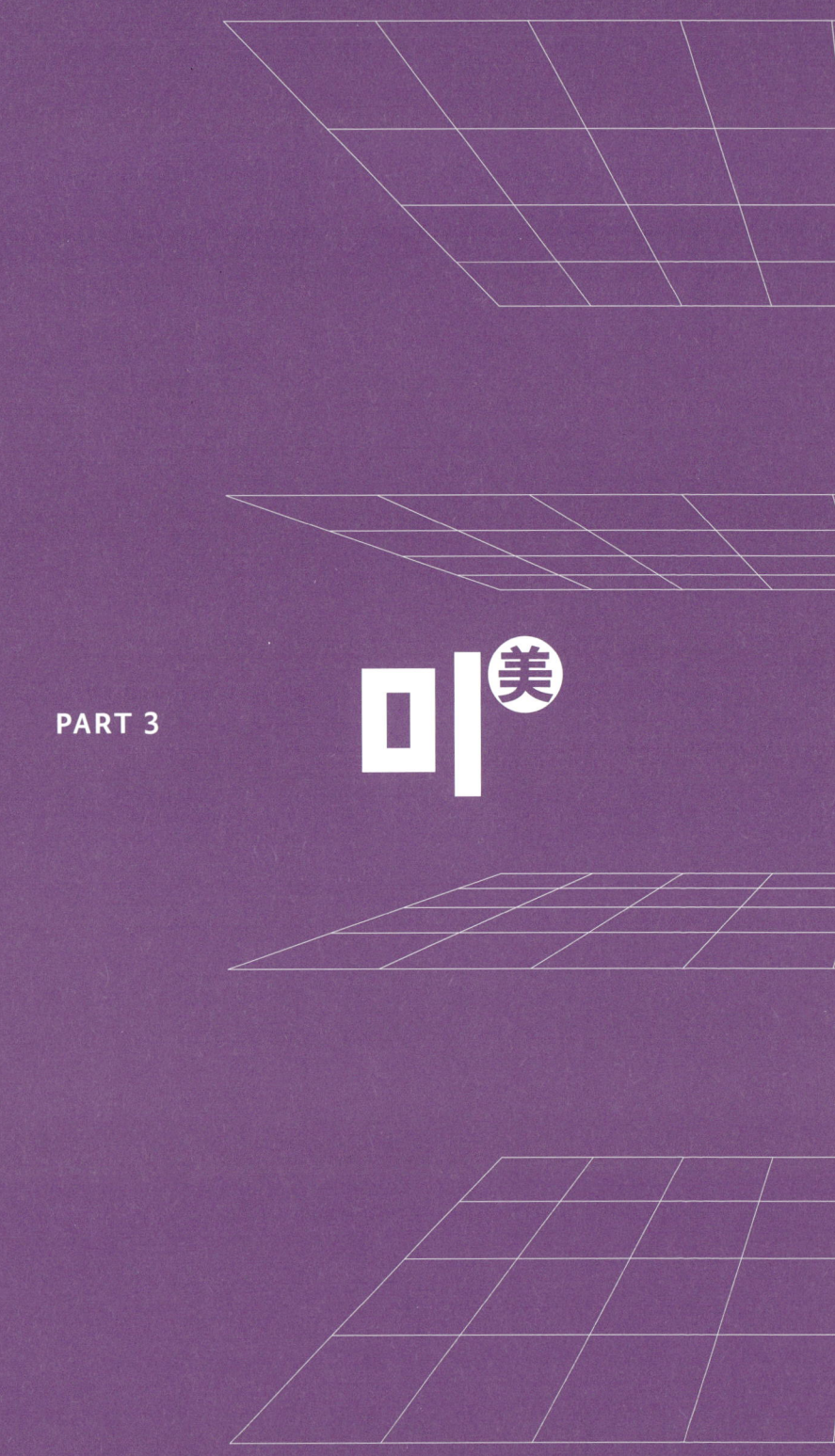

PART 3

미美

상상하는 인간이
미래다

1969년 7월 20일, 닐 암스트롱이 달에 첫발을 내딛었을 때 인류는 환호했습니다. 하지만 그 순간은 1865년에 이미 시작되어 있었어요. 쥘 베른이 소설《지구에서 달까지》에서 달 여행을 상상했을 때 말이죠. 놀랍게도 베른이 상상한 발사 장소는 플로리다였고, 실제 아폴로 11호도 플로리다 케네디 우주센터에서 발사되었습니다.

바퀴도, 비행기도, 인터넷도 처음에는 누군가의 상상에서 시작되었습니다. 레오나르도 다 빈치는 15세기에 헬리콥터를 스케치했고, 400년 후 그 상상이 현실이 되었어요. 아서 C. 클라크는 1945년에 인공위성을 통한 통신을 예측했고, 20년 후 첫 통신위성이 궤도에 올랐습니다.

AI가 계산과 기억, 인식에서 인간을 능가하는 지금, 남는 질문은 단 하나입니다. "그렇다면 인간만의 고유한 힘은 무엇인가?" 답은 상상력에 있습니다. 존재하지 않는 것을 떠올리고, 아직 오지 않은 미래를 설계하는 힘. 챗GPT는 방대한 데이터를 학습해 글을 쓰지만, 쥘 베른처럼 100년 후의 세계를 상상하지는 못합니다. AI는 과거의 패턴을 분석하지만, 인간은 전혀 새로운 가능성을 꿈꿉니다.

코페르니쿠스가 지동설을 제안했을 때, 프로이트가 무의식을 발견했을 때, 다윈이 진화론을 발표했을 때, 인류는 자신을 바라보는 시선을 근본적으로 바꿔야 했습니다. 우주의 중심에서 변두리로, 이성의 주인에서 무의식에 지배받는 존재로, 신의 피조물에서 진화의 산물로. 각각의 순간은 인간 중심적 세계관에 균열을 냈어요.

이제 AI 시대가 네 번째 전환을 가져오고 있습니다. 더 이상 인간만이 유일한 지적 주체가 아니며, 기계와 알고리즘과 함께 공존해야 하는 시대가 열리고 있어요. 그러나 이것은 인간의 소멸을 뜻하지 않습니다. 오히려 인간다움의 새로운 정의를 요구합니다.

저는 이 시대의 인간을 '호모 프로스펙터스Homo Prospectus'라 부르고 싶습니다. 과거를 돌아보는 호모 사피엔스를 넘어, 미래를 내다보고 아직 없는 세계를 비추는 존재. 프로메테우스가 불을 훔쳐 문명의 불꽃을 피워냈듯, 우리는 AI라는 새로운 불을 손에 쥐고 상상의 영역을 확장해야 합니다.

하지만 이번에는 다릅니다. 프로메테우스는 신에게서 불을 훔쳤지만, 우리는 스스로 AI를 만들었어요. 그렇다면 이 불을 어떻게 사용할지도 우리가 상상하고 선택해야 합니다. 기술이 무엇을 할 수 있는지가 아니라, 우리가 무엇을 하고 싶은지를 먼저 상상하는 것이죠.

'파트 3'에서는 이 새로운 모험의 길을 탐구합니다. 첫 번째 '해체와 전환'에서는 인간 중심적 사고를 넘어서는 지평의 전환을 다룹니다. 기계와 비인간 존재가 우리의 파트너가 되는 세계에서, 우리는 어떻게 새로운 관계를 상상할 수 있을까요?

두 번째 '상상과 혁신'에서는 상상력이 어떻게 혁신을 낳고, 인간만의 역할을 새롭게 세우는지를 살펴봅니다. AI가 효율을 담당한다면, 인간은 의미를 상상하는 존재가 되어야 합니다.

1969년 달 착륙 이후, 한 어린이가 물었습니다. "다음은 어디로 가나요?" 우주비행사는 대답했죠. "그건 네가 상상하기 나름이야." 우리는 여전히 미래를 비추는 존재입니다. 아니, 이제야 비로소 진짜 인간다운 모험이 시작된 것이죠. 그 모험의 첫걸음은 상상에서 시작됩니다.

기존의 틀을 벗어난 새로운 존재·관계·가치 체계는
어떤 모습일까?

8장

해체와 전환

인식 구조의 전환,
기존 틀을 깨는 해킹

Horizon Shift
& Hacking

인간 중심 세계가 무너지는 날

　　역사는 세 번의 거대한 인식 단절을 경험했습니다. 첫 번째는 코페르니쿠스가 일으킨 혁명이었습니다. 그는 지구가 우주의 중심이 아니라고 선언했어요. 그 순간 인간은 자신이 우주의 주인공이 아니라는 사실을 알게 되었습니다.

　　두 번째는 다윈의 진화론이었어요. 인간이 다른 동물과 같은 계통에서 진화했다는 주장은, 인간을 특별한 존재로 믿었던 세계관을 흔들었습니다.

　　세 번째는 프로이트가 무의식을 발견하면서 찾아왔습니다. 인간의 의식이 전부가 아니라, 의식 바깥의 거대한 무의식이 인간을 움직이고 있다는 사실이 드러났죠. 이 세 번의 타락은 모두, 인간을 중심에서 밀어내는 방향으로 작용했습니다.

이제 우리는 네 번째 해체의 문 앞에 서 있어요. AI와 기계, 그리고 비인간 주체가 등장하면서 인간 중심주의가 붕괴하고 있습니다. 인간은 더 이상 유일한 인지 주체가 아닙니다. 의사결정, 창조, 탐구, 심지어 자기 인식까지도 AI가 가능하다는 사실이 확인되고 있어요. 2024년 〈네이처Nature〉 기고문은 이렇게 말했어요. "AI는 인간 인지의 확장을 넘어 독자적인 사고 체계를 만들고 있다."

이 변화는 단순한 기술적 진보가 아닙니다. 철학적·문명사적 전환입니다. 인간이 중심이던 세계에서, 인간이 하나의 노드로 재배치되는 세계로 가고 있어요. 예전에는 인간이 '판단의 원천'이었지만, 이제는 인간과 AI, 비인간 주체가 함께 판단하는 구조로 이동하고 있습니다.

문제는 기존의 인식 틀과 권력 구조가 이 변화를 따라가지 못한다는 점입니다. 우리는 여전히 인간 중심의 정치, 인간 중심의 경제, 인간 중심의 윤리를 기본으로 삼고 있어요. 하지만 이 프레임으로는, AI와 비인간 주체가 동등하게 참여하는 의사결정 구조를 설계할 수 없습니다. 기존 틀을 유지하려는 노력은 점점 더 큰 마찰과 비용을 낳게 돼요. 그렇기 때문에 '틀 해킹Hacking the Frame'이 필요합니다.

틀 해킹은 단순히 새로운 아이디어를 떠올리는 것이 아닙니다. 현재의 관점을 해체하고, 그 조각들을 다시 조립하는 작업입니다.

어떻게 보면 지금까지 이야기해왔던 다른 코드들에 모두 해당되는 개념이라고 볼 수 있죠. 이 과정에서 우리는 인간 중심의 고정관념을 의도적으로 깨야 해요. 예를 들어, 교육 제도에서 '인간만이 배운다'는 가정은 이제 맞지 않아요. AI가 스스로 학습하고, 서로 가르치는 환경이 이미 존재하니까요.

이 네 번째 해체의 핵심은 '중심의 소멸'입니다. 중심이 사라진다는 것은 혼돈을 의미하기도 하지만, 동시에 가능성의 확장을 의미하기도 합니다. 과거 세 번의 해체는 모두 인간의 오만을 낮췄지만, 결과적으로는 인간 사고의 범위를 넓혔어요. 이번에도 마찬가지예요. AI와 비인간 주체의 부상은 인간을 위협하는 동시에, 인간이 기존에 상상하지 못한 관계망 속으로 들어가게 만들 겁니다.

문제는 이 변화 속도가 이전과 비교할 수 없을 정도로 빠르다는 점이에요. 코페르니쿠스 혁명은 수 세기에 걸쳐 수용됐고, 다윈의 진화론도 수십 년 동안 논쟁 속에서 확산됐어요. 그러나 AI 혁명은 몇 년, 아니 몇 개월 단위로 패러다임을 바꾸고 있습니다. 이 속도를 따라가려면 우리는 사고 전환을 즉시 시작해야 합니다.

결국 중요한 건 태도예요. 네 번째 해체 앞에서 두려움만 느끼는 사람은 변화를 '종말'로 보겠지만, 이 변화를 제대로 해킹하려는 사람은 이를 '출발점'으로 봐요. AI 시대에 필요한 리더십은 변

◆ 교육 제도에서 '인간만이 배운다'는 가정은 이제 맞지 않는다. AI가 스
  스로 학습하고, 서로 가르치는 환경이 이미 존재하기 때문이다. AI와
  비인간 주체의 부상은 인간을 위협하는 동시에, 인간이 기존에 상상하
  지 못한 관계망 속으로 들어가게 만들 것이다. 문제는 이 변화 속도가
  이전과 비교할 수 없을 정도로 빠르다는 점이다. 코페르니쿠스 혁명은
  수 세기에 걸쳐 수용됐고, 다윈의 진화론도 수십 년 동안 논쟁 속에서
  확산되었다. AI 혁명은 몇 년, 아니 몇 개월 단위로 패러다임을 바꾸고
  있다. 이 속도를 따라가려면 우리는 즉시 사고를 전환해야 한다.

화를 통제하려는 것이 아니라, 변화 속에서 새로운 틀을 창조하는 능력입니다. 저는 이 과정을 단순한 적응이 아니라 '관점 혁신'이라고 부르고 싶어요. 관점이 바뀌면, 위기는 새로운 세계를 설계하는 자원이 됩니다.

우리는 지금, 인간 중심 세계가 무너지는 날을 목격하고 있어요. 그리고 그 붕괴는 두려움이 아니라, 새로운 지평을 여는 서막이 될 수 있습니다. 중심이 사라진 세상에서, 우리의 생존과 번영은 우리가 얼마나 빠르고 과감하게 틀을 해킹하느냐에 달려 있습니다.

인셉션에서 컨택트까지
: 사고의 틀을 깨는 장면들

  기존의 상상력은 주로 현실의 연장선에서 발전해왔습니다. 기술이 조금 더 정교해지고, 환경이 조금 더 효율적으로 변하는 정도였죠. 그러나 21세기 SF 영화가 보여주는 장면들은 완전히 다른 차원에 속해요. 이들은 '틀'을 그대로 둔 채 업그레이드하는 것이 아니라, 그 틀 자체를 조작해 버립니다.

  〈인셉션Inception〉(2010)은 크리스토퍼 놀란 감독이 연출한 SF 스릴러로, 꿈과 현실의 경계를 해체하는 대담한 시도를 보여준 작품이에요. 이 영화는 2010년대 영화계에서 '고개념 블록버스터'라는 새로운 장르를 개척했다고 평가받고 있습니다.

  꿈속에서 꿈을 설계하고 조작하는 산업 스파이의 이야기가 배경이에요. 주인공들은 타인의 꿈속에 침투해, 무의식의 구조를 조작합니다. 여기서 중요한 것은 단순히 '꿈을 꾸는 것'이 아니에요. 꿈의 공간과 규칙을 설계하고, 그 안에 정보를 심어 현실 세계의 의사결정을 바꾸는 행위입니다.

이것은 물리적 환경이 아니라 인식과 사고의 틀을 해킹하는 개념을 시각화한 거예요. 영화 속에서 꿈과 현실은 경계를 잃고 겹쳐집니다. 관객은 '토템'을 돌리는 주인공을 보며, 이 회전이 멈출지 말지에 따라 현실을 확인하려 해요. 하지만 그마저도 감독은 끝내 보여주지 않아요. 즉, 현실의 정의는 외부 규칙이 아니라 주관적 인식에 의해 구성된다는 질문을 남기죠.

영화 〈서던리치: 소멸의 땅Annihilation〉(2018)은 알렉스 가랜드 감독이 제프 밴더미어의 소설을 각색한 작품으로, 생물학적 공포와 철학적 성찰을 결합한 독특한 SF 영화예요. 이 작품은 기존 외계 침입 영화의 클리셰를 완전히 뒤집은 혁신적 서사로 주목받았어요.

외계 기원이 추정되는 에너지가 작용하는 '셰이머'라는 구역에서는 DNA 자체가 다른 생물·비생물과 뒤섞여요. 인간의 세포가 식물의 특성을 가지거나, 동물의 구조가 변형되어 전혀 새로운 형태로 나타나죠. 이곳에서는 동일성, 경계, 종種의 개념이 무너집니다. 영화는 단순히 변이 생물을 보여주는 것이 아니라, 생명이라는 정의 자체가 변하는 상황을 그립니다. 주인공들조차 이 영역에 오래 머물수록, 자신이 '원래의 나'인지 확신하지 못하게 됩니다.

흥미로운 점은 두 작품 모두 기술을 단순히 도구로 쓰지 않는다는 거예요. 〈인셉션〉에서 꿈 조작 기술은 인간의 무의식을 재구성하는 수단이자, 현실을 바꾸는 레버입니다. 서던리치에서는 외계 기술이 생물학의 전제 조건을 해체하고 있구요. 이런 서사들은 '무엇을 더 빠르고, 효율적으로 할까'가 아니라 '무엇이 가능하다고 정의되는가'를 문제 삼고 있습니다.

영화 〈컨택트Arrival〉(2017)는 드니 빌뇌브 감독이 테드 창의 단편소설 〈당신 인생의 이야기〉(2016)를 영화화한 작품으로, 언어철학과 시간 개념을 탐구한 지적인 SF입니다. 이 영화는 SF 영화사에서 중요한 전환점을 제시했어요. 기존 외계인 영화들이 침입과 전쟁, 또는 만남과 화해라는 이분법적 구조에 머물렀다면, 〈컨택트〉는 외계인과의 접촉을 순수한 인식론적 변화로 다뤄 SF 장르의 새로운 가능성을 열어줬습니다.

영화의 개요는 단순하지만 철학적으로 복잡합니다. 지구에 12개의 거대한 타원형 우주선이 나타나자, 언어학자 루이스 뱅크스(에이미 애덤스)가 외계 종족 '헵타포드'와의 소통을 담당하게 됩니다. 군사적 긴장과 국제적 혼란 속에서 루이스는 물리학자 이안과 함께 헵타포드들이 지구에 온 목적을 파악하려 노력해요. 하지만 영화의 진짜 갈등은 외부가 아니라 루이스 내부에서 일어납니다. 헵타포드의 언어를 학습하면서 그녀의 시간 인식이 근본적으로 변화하고, 과거와 미래가 동시에 존재하는 새로운 의식 상태를 경험하게 되는 것이죠.

영화의 가장 인상적인 장면은 루이스가 헵타포드의 원형 문자를 처음 해독하는 순간입니다. 그들의 언어는 시간을 과거 · 현재 · 미래로 나누지 않고, 한 번에 전체를 인식하는 구조로 되어 있어요. 원형 문자 하나가 복잡한 개념 전체를 담고 있으며, 문장의 시작과 끝이 동시에 존재합니다. 루이스가 이 언어를 익히면서 점차 미래의 기억들이 현재로 흘러들어오는 장면들은 시각적으로도 아름답지만, 인지과학적으로도 깊은 의미를 담고 있어요.

이런 설정은 단순한 SF적 상상력이 아니라, 현실의 기술 발전과 연결됩니다. 언어를 습득하는 과정이 사고 체계를 변환시킨다는 영화의 핵심 아이디어는 언어가 사고를 결정하며 다른 언어를 사용하는 사람들은 실제로 다른 방식으로 세계를 인식한다는 가설과 직결되어 있어요. 현재 대규모 언어모델과 AI의 발전을 생각해보면, 기계와 인간이 서로 다른 언어 체계로 소통하게 될 미래에 대한 중요한 시사점을 제공해요.

이런 서사들은 모두 공통적으로 '기존의 개념'을 해체합니다. 현실과 꿈, 인간과 비인간, 과거와 미래, 생물과 무생물, 감정과 알고리즘 같은 구분이 흐려져요. 그리고 이 개념 해체는 단순한 혼란이 아니라, 새로운 사고 지평을 여는 전제가 됩니다.

중요한 점은, 이러한 틀 파괴적 서사가 단지 영화 속 설정으로 머물지 않는다는 사실입니다. 이미 신경과학과 합성생물학, 인공

◆ 기존의 상상력은 주로 현실의 연장선에서 발전해왔다. 기술이 조금 더 정교해지고, 환경이 조금 더 효율적으로 변하는 정도였다. 그러나 21세기 SF 영화가 보여주는 장면들은 완전히 다른 차원에 속한다. 이들은 '틀'을 그대로 둔 채 업그레이드하는 것이 아니라, 그 틀 자체를 조작해 버린다.

지능 분야에서는 유사한 시도가 현실에서 진행되고 있어요.

결국 이런 서사들은 단순한 상상력이 아니라, 이미 진행 중인 미래의 리허설에 가깝습니다. 우리는 영화관에서 '틀이 무너지는 장면'을 보며 즐기지만, 실제로는 그 장면 속 철학적 질문을 곧바로 마주하게 될 가능성이 커요. 그리고 그때 필요한 것은 기술에 대한 찬반이 아니라, 변형된 틀 속에서 어떻게 존재 의미를 재정의할지에 대한 준비예요.

현실로 스며든 틀 해킹 기술

틀을 해킹하는 서사가 영화 속에만 머물렀던 시기는 오래전에 끝났습니다. 이제 우리는 현실에서, 그리고 이미 일상적인 환경 속에서 이러한 변화를 목격하고 있어요. 주목해야 할 점은 이 기술들이 단순히 '새로운 기능'을 제공하는 것이 아니라, 우리가 세상을 인식하고 관계를 맺는 구조 자체를 바꾸고 있다는 사실입니다.

가장 눈에 띄는 것은 자율적 행동과 대화가 가능한 생성형 에이전트입니다. 초기 챗봇이 단순 응답 시스템이었다면, 지금의 AI 에이전트는 자체적으로 목표를 세우고 환경을 탐색하며, 상황에 맞는 행동을 결정할 수 있어요. 오픈AI의 GPT-5 기반 에이전트들은 복잡한 다단계 작업을 수행할 수 있게 되었고, 딥마인드

DeepMind의 연구는 AI가 인터넷을 검색하고, 정보를 종합하며, 새로운 가설을 세워 검증하는 과정을 스스로 진행할 수 있음을 보여줍니다.

이런 발전의 배경에는 다중 에이전트 시스템MAS, Multi-Agent-System 연구가 있습니다. MAS는 여러 개의 독립적인 AI 에이전트들이 동일한 환경에서 상호작용하며 집단 지능을 발현하는 시스템이에요. 각 에이전트는 개별 목표를 가지면서도 다른 에이전트들과 협력하거나 경쟁하며 복잡한 사회적 구조를 만들어냅니다.

스탠퍼드와 구글의 공동 연구에서는 25개의 AI 에이전트를 가상의 마을에 배치했더니, 이들은 스스로 일정을 잡고, 대화를 나누고, 축제를 준비하는 사회적 행동 패턴을 보였어요. 더 놀라운 건 에이전트들 간의 역할 분담이 자연스럽게 나타났다는 점입니다. 어떤 에이전트는 정보 수집에 특화되고, 다른 에이전트는 계획 수립을, 또 다른 에이전트는 실행과 조율을 담당하는 식으로 분화되었죠. 심지어 이들 중 일부는 '가십'을 통해 사회적 유대를 형성하고, 다른 에이전트들의 명성을 평가하는 행동까지 보였습니다.

그 다음으로 신경-기호 혼합형 AI의 등장입니다. 이 기술은 딥러닝의 패턴 인식 능력과 전통 기호 논리 시스템의 추론 능력을 결합합니다. 단순히 데이터를 보고 예측하는 것이 아니라, 규칙과 맥락을 이해하고 새로운 규칙을 만들어낼 수 있어요. IBM의 연구는 의료 진단에서 높은 정확도를 달성하면서도 각 진단의 논리적 근거를 명확히 설명할 수 있음을 보여줍니다.

더 중요한 건 이런 AI가 기존 규칙 적용에 그치지 않고, 상황에 맞는 새로운 규칙을 스스로 생성한다는 점입니다. 딥마인드의 알파폴드는 단백질 구조 예측에서 기존 물리학 법칙을 적용하는 동시에, 새로운 구조-기능 관계를 발견해냈어요. 이를 통해 생물학 교과서에 없던 200만 개 이상의 새로운 단백질 구조를 예측했습니다.

또 주목할 것은 합성생물학 기반 인공 생명체예요. 실험실에서 과학자들은 기존 DNA 서열을 재조합하거나 완전히 새로 설계해, 자연계에 존재하지 않는 생명체를 만들고 있어요. 특정 오염 물질을 분해하는 박테리아, 맞춤형 약물 생산을 하는 미생물, 빛의 색에 따라 행동이 변하는 식물 등이 이미 프로토타입 단계에 있습니다.

더 놀라운 사례는 크레이그 벤터 연구소에서 개발한 '신시아Synthia'입니다. 이는 인공적으로 합성된 DNA만으로 작동하는 최초의 인공 생명체로, 자연 진화의 결과물이 아닌 완전히 설계된 존재예요. 또한 보스턴대학의 연구팀은 바이오브릭BioBrick 시스템을 통해 생명체의 기능을 모듈화하여, 마치 레고 블록을 조립하듯 원하는 기능을 가진 생명체를 설계할 수 있게 만들었어요.

이는 '생명이란 무엇인가'라는 질문을 과학기술의 차원에서 다시 던지는 변화예요. 생명과 비생명의 경계, 자연과 인공의 구분이 점점 모호해져요. 전통적으로 생명은 탄생, 성장, 번식, 죽음이라는 자연적 과정을 거치는 것으로 정의되었지만, 이제는 목적에 맞게 설계되고 프로그래밍된 생명체가 등장하면서 생명 자체가 하나의 기술이 되고 있습니다.

이러한 기술들은 모두, 인간 중심의 전통적 틀을 직접적으로 흔들고 있습니다. 예전에는 인간이 의사결정의 중심에 있었고, 기계는 인간이 만든 규칙 안에서만 움직였어요. 그러나 생성형 에이전트는 스스로 목표를 세우고 행동합니다. 신경-기호 AI는 스스로 규칙을 창출해요. 합성생물학은 인간이 설계한 경계 바깥의 생명 형태를 창조합니다. 여기에는 공통된 변화 방향이 있어요. '중심'이 사라지고, 의사결정과 창조가 다중 주체로 분산된다는 점이에요.

실제로 이런 변화는 이미 산업 현장에서 나타나고 있어요. 테슬라Tesla의 슈퍼컴퓨터는 수백만 대의 자동차에서 수집한 데이터를 바탕으로 자율주행 알고리즘을 스스로 개선하고 있고, 인간 엔지니어들은 그 과정을 모니터링하는 역할로 후퇴했습니다.

이 기술들이 공통적으로 가지는 특징은, '틀 바깥에서 생각하는 능력'을 구현한다는 점입니다. 과거의 기술은 기존 구조를 강화하거나 효율화했지만, 지금의 기술은 그 구조를 변경하거나 해체할 수 있는 잠재력을 가지고 있어요. 이러한 변화는 인간의 사

◆ 인지·감정 융합형 AI는 단순히 상황에 맞는 언어를 산출하는 것 외에
도, 감정 신호를 분석하고, 이를 의사결정 과정에 반영하는 AI다. MIT
와 하버드 의대가 공동 개발한 시스템은 환자의 음성 톤, 얼굴 표정,
심지어 말하는 속도까지 종합 분석해서 우울증이나 불안증의 조기
신호를 포착한다.

고방식에도 영향을 미치게 됩니다. 인간은 더 이상 기계와의 관계를 '사용자-도구'로만 정의할 수 없게 되고, 오히려 '공동 창작자', '공동 의사결정자'라는 새로운 관계 틀을 필요로 하게 되어요.

결국 현실로 스며드는 틀 파괴 기술은, 혁신을 넘어 존재론적 전환을 준비하게 해요. 인간과 비인간, 자연과 인공, 도구와 주체의 경계가 흐려지고, 그 흐름 속에서 새로운 질서와 가치를 만들어야 하는 과제가 주어져요. 이 변화는 피할 수 있는 선택지가 아니라, 이미 진행 중인 현실이죠.

중심이 사라진 세상의 철학

중심이 사라진다는 말은 단순한 비유가 아닙니다. 오랫동안 인간 사회의 구조와 사고방식은 '중심'을 전제로 설계되어 왔어요. 왕과 신이 통치의 중심이었고, 산업혁명 이후에는 생산수단과 자본을 가진 주체가 중심이 되었죠. 근대 철학에서는 인간 이성이 인식의 중심이었습니다.

그러나 AI, 로봇, 합성생명체, 그리고 자율적 알고리즘이 등장하면서, '중심'이라는 개념 자체가 흔들리고 있어요. 포스트휴머니즘은 이 변화를 이해하는 핵심적인 철학적 관점을 제공합니다. 먼저 전통적인 휴머니즘이 무엇인지 살펴봐야 합니다. 르네상스 시대부터 시작된 휴머니즘은 "인간이 세상의 중심이고, 모든 가치판단의 기준"이라고 봤어요. 자연은 인간이 개발할 자원이고, 동물은 인간이 활용할 대상이며, 기술은 인간이 사용하는 도구라는 식이었죠.

이런 사고방식 아래에서는 인간만이 진짜 '주체'이고, 나머지는 모두 '객체'예요. 인간만이 의식을 가지고, 도덕적 판단을 하고, 창조적 활동을 할 수 있다고 여겨졌습니다. 하지만 포스트휴머니즘은 이런 인간 중심적 사고에서 벗어나자고 제안해요. 인간을 특별한 중심적 존재가 아니라, 이 세상의 '수많은 행위자 중 하나'로 재위치시키는 거죠.

구체적으로 말하면, AI가 시를 쓰고, 로봇이 의료 진단을 하고, 합성생명체가 환경 복원을 수행하는 시대에, 인간은 더 이상 유일한 창조자나 결정자가 아닙니다. 포스트휴머니즘에서는 AI, 동물, 식물, 심지어 바이러스나 데이터까지도 각각 나름의 행위력을 가진 주체로 봐요.

이런 변화를 이해하려면 해체주의와 포스트구조주의의 관점이 중요합니다. 자크 데리다가 창시한 해체주의는 우리가 당연하다고 믿었던 개념과 이분법들이 실제로는 사회적·역사적으로 구성된 것임을 보여줘요. 예를 들어, 인간/기계, 자연/인공, 주체/객체 같은 대립 구조가 절대적인 것이 아니라, 특정한 권력 관계와 사회 구조 속에서 만들어진 것이라는 거죠.

포스트구조주의는 미셸 푸코, 질 들뢰즈 같은 사상가들이 주도했는데, 이들은 권력과 의미가 고정되지 않고 끊임없이 이동하며, 중심이 아닌 다양한 지점에서 작동한다고 봤어요. 해체주의와 포스트구조주의 모두 기존의 경계들을 허물어 재구성하려고 합니다. 지금 AI 기술이 하고 있는 일이 바로 이거예요. 인간과 기계의 경계를 허물고, 데이터와 감각의 경계를 해체하며, 결과적으로 '이건 인간의 영역, 저건 기계의 영역'이라는 구분이 무의미해지고 있습니다.

마지막으로 비선형, 비구조적 사유가 중요한 역할을 합니다. 나무처럼 뿌리-줄기-가지의 위계 구조를 갖지 않고, 어느 지점에서든 다른 지점과 연결될 수 있는 수평적 네트워크 구조라는 들뢰즈의 개념과 관련이 있어요.

우리는 오랫동안 선형적인 인과관계와 위계 구조를 기반으로 문제를 해결해왔어요. 하지만 복잡계 사회와 다중 주체 환경에서는 이러한 방식이 한계를 드러냅니다. AI가 데이터 네트워크 속에서 학습하고, 블록체인 시스템이 분산합의를 통해 동작하며, 합성 생물학이 다양한 생물종과 인공구조를 융합시키는 과정은 모두 비선형적이에요.

철학은 이제 질문을 바꿔야 해요. "누가 중심인가?"에서 "중심 없이 어떻게 질서를 만들 것인가?"로, "누가 권력을 가지는가?"에서 "권력이 어떻게 흐르고 분산되는가?"로, "무엇이 본질인가?"에서 "본질은 어떻게 구성되고 재구성되는가?"로요.

중심이 사라진 세상에서는, 권력과 가치의 설계가 더 어려워집니다. 왜냐하면 모든 주체가 연결되고, 영향력이 실시간으로 재배분되기 때문입니다. 동시에 기회도 커집니다. 인간이 절대적인 중심일 필요가 없기 때문에, 인간과 AI, 자연, 인공물, 심지어 알고리즘까지 참여하는 더 복합적이고 창의적인 관계망을 만들 수 있어요.

결국, 철학이 묻는 것은 '중심이 사라진 시대를 어떻게 살아갈 것인가'예요. 기술은 이미 이 질문을 현실의 과제로 만들었고, 우리 앞에 놓아두었습니다. 이제는 답을 찾는 것만이 남아 있죠.

기존 틀이
사라질 때의 결정

틀이 사라진다는 것은, 우리가 익숙하게 의지하던 기준과 규범이 무력화된다는 뜻입니다. 그동안 사회는 법률, 제도, 문화, 전통 같은 고정된 구조 속에서 결정이 이뤄졌어요. 하지만 AI, 분산 네트워크, 합성생명체와 같은 새로운 행위자들이 등장하면, 이런 고정 구조는 더 이상 절대적인 기준이 되지 못합니다.

문제는 단순해요. 기준이 없으면 우리는 무엇을 보고 결정을 내려야 하는가, 하는 것이죠. 이 질문은 이미 현실 속에서 나타나고 있습니다. 예를 들어, AI가 의료 판단을 내리는 상황을 생각해 봐요. 환자에게 어떤 치료를 할지, 어떤 약을 처방할지는 전통적으로 의사가 결정하던 일이에요. 그러나 오늘날 AI는 수천만 건의 사례 데이터를 분석해, 인간이 놓칠 가능성이 있는 최적의 치료법을 제시할 수 있습니다.

여기서 중요한 것은, 'AI의 판단이 의사의 기준과 다를 때 누구의 판단을 따를 것인가'입니다. 만약 AI의 제안이 더 높은 성공률을 가진다면, 의사는 이를 무시할 수 있을까요? 반대로, 그 제안이 실패했을 때의 책임은 누구에게 돌아가야 할까요?

틀이 없는 환경에서는 의사결정이 다중 주체 간의 협의 과정으로 변하게 됩니다. AI, 인간, 규제기관, 기술 제공자, 심지어 환자 자신까지 의사결정에 참여하는 구조가 필요해요. 이 구조는 전통적인 '전문가 중심' 의사결정 모델과 다릅니다. 결정의 권위가 한 곳에 집중되지 않고, 여러 주체가 서로 다른 기준을 적용하며 상호 조율하는 방식이에요.

틀이 사라진 또 다른 사례는 기후변화 대응입니다. 과거에는 정부와 국제기구가 주도하고, 과학자들이 데이터를 제공하며, 기업과 시민이 이에 따라 행동하는 구조였어요. 그러나 이제는 IoT 센서 네트워크, AI 기후 모델, 분산형 시민 데이터 플랫폼, 그리고 합성생물학적 환경 회복 기술이 동시에 존재합니다.

각 주체가 서로 다른 데이터를 바탕으로 다른 해석을 내놓고, 그 해석이 서로 충돌해요. 이런 상황에서 '무엇이 옳은가'보다 '어떻게 함께 결정할 것인가'가 더 중요한 질문이 됩니다.

철학적으로 보면, 이는 중심이 없는 의사결정 구조의 문제입니다. 포스트휴머니즘은 이런 구조를 전제로 해요. 인간은 더 이상

◆ 각 주체가 서로 다른 데이터를 바탕으로 다른 해석을 내놓고, 그 해
석이 서로 충돌한다. 이런 상황에서 '무엇이 옳은가'보다 '어떻게 함께
결정할 것인가'가 더 중요한 질문이 된다. 철학적으로 보면, 이는 중
심이 없는 의사결정 구조의 문제다. 포스트휴머니즘은 이런 구조를
전제로 한다. 인간은 더 이상 유일한 판단자가 아니고, 기계와 비인간
행위자도 동등한 의사결정 주체가 될 수 있다.

유일한 판단자가 아니고, 기계와 비인간 행위자도 동등한 의사결정 주체가 될 수 있습니다.

이런 변화는 기존의 책임 개념을 재정의하게 만듭니다. 과거에는 결정의 책임이 명확하게 개인이나 기관에 귀속되었어요. 하지만 다중 주체 협력 구조에서는 책임이 분산돼요. 결과적으로, 실패나 부작용이 발생했을 때 누구를 책임자로 지정할지 불분명해집니다.

따라서 틀이 사라진 환경에서의 의사결정은, 전통적인 '정답 찾기'보다 관계 설계가 더 중요합니다. 어떤 기준을 적용할지, 어떤 데이터를 우선시할지, 어떻게 갈등을 조정할지에 대한 메타 의사결정이 먼저 이뤄져야 합니다.

결국, 우리는 과거의 고정된 틀에서 벗어나 유동적 기준을 다루는 능력을 길러야 해요. 이를 위해서는 세 가지 역량이 필요합니다. 변화하는 환경에서 빠르게 학습하고 적용하는 적응력. 다양한 주체의 관점을 이해하고 통합하는 다중 시각 사고. 불확실성 속에서 결정을 내릴 수 있는 용기예요.

틀이 사라진 세계에서 의사결정은 더 복잡해지고, 더 불확실하며, 때로는 더 불편할 거예요. 하지만 이것이 곧 새로운 가능성을 여는 길이기도 합니다. 모든 결정을 중앙에서 내려야 했던 시대에는 상상할 수 없던 창의적 해법이, 이제는 수평적이고 분산된 네트워크 속에서 나올 수 있어요.

다중 주체 시대의 삶

　　다중 주체 시대란 인간만이 아니라 AI, 로봇, 자율 시스템, 그리고 비인간 생명체까지 의사결정과 행위의 주체로 등장하는 사회를 의미합니다. 과거 산업사회에서는 인간이 기술을 '사용'하는 입장이었지만, 지금은 기술과 비인간 행위자가 인간과 함께 '참여자'로서 움직이고 있어요. 그렇다면 당신은 이 시대를 어떻게 살아갈 건가요?

　　개인으로서, 당신의 정체성은 얼마나 유연한가요? 다중 주체 환경에서는 정체성과 역할이 고정되지 않아요. 끊임없이 변화하는 기술과 사회 환경에 맞춰 자신을 재정의하고 새로운 능력을 습득해야 합니다. 이는 기본적인 평생학습에 '지속적 자기 변형'의 개념이 포함된 것이죠.

기업은 다중 주체를 위한 상호작용을 어떻게 설계하고 있나요? 기존의 B2B, B2C 개념을 넘어서 인간 + AI + 비인간 사용자 모두를 고려한 UX와 조직 구조가 필요해요. AI 에이전트가 고객 서비스를 담당하는 환경에서는 인간 고객뿐 아니라 다른 AI 시스템과의 상호작용도 설계해야 하죠.

비선형적·네트워크형 협업 모델 구축도 핵심입니다. 전통적인 위계 구조에서는 정보와 권한이 상하로 흐르지만, 다중 주체 환경에서는 모든 방향으로 동시에 흘러야 해요.

정부와 사회는 어떤 전환을 준비하고 있나요? 좌·우 이념 대립이 아닌 '문제 해결 중심' 사고로 전환해야 합니다. 기존의 정치적 프레임으로는 AI, 기후변화, 생명공학 같은 초복합적 문제를 해결하기 어렵기 때문이에요. 교육 시스템도 초가속 사회에 적응 가능한 구조로 바뀌어야 해요. 단순한 지식 전달이 아니라 비판적 사고, 창의적 문제 해결, 융합적 사고 능력을 기르고, 틀을 해킹하는 관점 전환 훈련을 제도화해야 합니다.

모든 주체가 공유해야 할 핵심 전략은 '공존 설계'입니다. 다중 주체 환경에서는 다른 주체를 배제하거나 통제하는 방식으로는 장기적 안정을 확보하기 어려워요. 각 주체가 자신의 목표를 추구하면서도 전체 시스템의 안전과 효율을 해치지 않도록 하는 '관계적 규칙'이 필요합니다.

진정한 혁신은 기술뿐 아니라 사고·관계·문화의 혁신까지 포함합니다. 우리가 어떤 문제를 '문제'라고 부르느냐 자체가 관점의 산물이에요. 교통 혼잡을 '차량 증가의 문제'로만 보면 해법은 도로 확장이 되지만, '도시 이동성의 최적화 문제'로 바라보면 자율주행 셔틀·마이크로 모빌리티·원격 근무 등 완전히 다른 해법이 나옵니다.

결국 다중 주체 시대의 생존 전략은 배제와 지배가 아닌 연결과 협력을 중심에 둡니다. 관점의 재설계는 단순한 생각의 변화가 아니라 행동과 구조, 관계의 변화를 촉발해요. 기술은 가능성을 제공하지만, 그 가능성을 현실로 만드는 것은 우리가 세상을 보는 방식입니다.

무엇이 인간을 인간답게 하는가?
상상력은 어떻게 인류와 미래를 변화시키는가?

9장

상상과 혁신

상상은 인간을
더 인간답게 하는가?

magination
& Innovation

상상의 불씨, 문명을 만들다

프로메테우스가 신의 영역에서 불을 훔쳐 인간에게 건넨 순간, 그는 단순히 따뜻함을 선사한 것이 아니었습니다. 그 불은 상상력의 첫 번째 도구였고, 인류 문명의 씨앗이었습니다. 불을 보며 인간은 처음으로 '없는 것'을 생각해냈어요. 음식을 익히고, 금속을 다루고, 어둠을 밝히는 모든 가능성을 그 작은 불꽃 속에서 발견한 거죠.

신체가 기계로 대체되고, 의식이 디지털로 복제되며, 감정이 알고리즘으로 분석당하는 시대에도 여전히 인간만의 고유한 영역이 있다면, 그것은 바로 상상력입니다.

상상력은 인간을 다른 모든 생명체와 구별하는 결정적 특징이에요. 다른 동물들도 도구를 사용하고, 학습하고, 심지어 감정을 표현합니다. 하지만 '아직 존재하지 않는 것'을 구체적으로 그려보고, 그것을 현실로 옮기려는 의지는 오직 인간만이 가진 능력이죠.

상상력은 단순히 머릿속 이미지를 떠올리는 활동이 아닙니다. 자연 상태의 요소를 전혀 다른 의미와 쓰임으로 변환하는 문명 창조의 엔진이에요. 인간/기계, 자연/인공, 현실/가상의 경계를 허물고 새로운 조합을 만들어내는 것이 상상력의 본질입니다.

역사를 통해 상상력의 매개체는 계속 진화해왔어요. 고대에는 신화가 그 역할을 담당했습니다. 바빌로니아의 창세신화, 그리스의 영웅담, 북유럽의 라그나로크 같은 이야기들은 단순한 오락이나 종교적 믿음뿐만 아니라 인간이 무엇을 할 수 있는 존재인지에 대한 청사진을 제공했어요. 신들이 세상을 창조하는 과정을 상상하며, 인간도 자신의 세계를 만들 수 있다는 가능성을 품게 된 거죠.

중세로 넘어오면서 종교가 상상력의 주무대가 되었습니다. 성서 속 낙원과 지옥, 창세와 종말의 서사는 보이지 않는 세계를 구체적으로 형상화했어요. 사람들은 스테인드글라스의 빛깔 속에서, 그레고리안 성가의 선율 속에서, 제례의 엄숙한 절차 속에서 상상의 세계를 경험했습니다.

근대 이후 과학과 기술이 상상력의 중심무대로 올라섰습니다. 갈릴레오가 망원경으로 목성의 위성을 발견하던 순간, 그는 단순히 새로운 천체를 관측한 것이 아니라 우주에 대한 인류의 상상을 완전히 뒤바꾼 거예요. 증기기관은 시간과 공간의 개념을 재정의했습니다. 대륙 간 이동 시간이 단축되면서 인류의 생활권과 사고 범위도 급격히 확장됐죠.

이 지점에서 우리는 중요한 철학적 전환을 목격하게 됩니다. 근대 이전까지 상상력은 주로 종교적 또는 예술적 영역에 국한되어 있었습니다. 하지만 과학혁명과 함께 상상력이 합리성과 결합하기 시작한 겁니다. 이는 단순한 변화가 아니라 인간 의식의 근본적 구조 변화를 의미해요. 상상력이 더 이상 현실 도피의 수단이 아니라 현실 변혁의 도구가 된 것이죠.

현대에 들어 상상력은 디지털 네트워크를 타고 전 지구적으로 확산되고 있습니다. 인터넷은 아이디어의 전파 속도를 물리적 한계에서 해방시켰어요. 유튜브에서 한 발명가가 공개한 '수중 호흡 장치' 영상이 몇 시간 만에 전 세계 연구실과 스타트업 회의실에 도달하는 시대죠.

하지만 여기서 우리는 역설적 상황과 마주하게 됩니다. 정보와 아이디어의 접근성이 극도로 높아졌음에도 불구하고, 진정한 상상력은 오히려 위기에 처해 있을 수 있어요. AI가 점점 더 많은 창작과 분석 작업을 대신하면서, 인간의 상상력이 수동적으로 변질될 위험이 있거든요.

흥미로운 데이터가 있습니다. 2023년 MIT 미디어랩 연구에 따

◆ 상상력은 사치가 아니라 생존 전략이다. 미래를 대비한다는 것은 결국 아직 오지 않은 상황을 미리 그려보고 준비하는 일이다. 없는 것을 생각할 수 없다면, 우리는 변화에 적응하지 못한다. 프로메테우스가 불을 가져온 뒤, 그 불을 지킨 것은 인간의 몫이었다. 오늘날 우리는 디지털과 AI, 우주와 생명공학이라는 거대한 불씨를 받았다. 이 불씨를 어떻게 쓰느냐에 따라 인류의 다음 장이 달라진다. 미래를 바꾸는 것은 거창한 구호가 아니라, 새로운 가능성을 그려보는 상상에서 시작된다.

르면, 차세대 과학자와 엔지니어의 혁신 아이디어 중 40% 이상이 SF 영화와 게임에서 직간접적 영향을 받았다고 해요. 영화 속 워프 드라이브, 게임 속 가상현실 인터페이스가 단순한 오락 요소가 아니라 실제 연구의 출발점이 되는 경우가 많다는 뜻입니다.

우리가 '상상력'이라는 단어를 들으면 종종 예술가나 작가를 떠올리지만, 실제로 문명의 진보는 과학자, 발명가, 기업가의 상상력에서 비롯된 경우가 많습니다. 전구를 만든 에디슨, 전화기를 발명한 벨, 비행기를 만든 라이트 형제 모두 기술자이면서 동시에 상상가였어요. 그들의 발명은 치밀한 실험과 계산의 결과이지만, 동시에 '그런 것이 가능하다'는 믿음에서 시작됐습니다.

AI 시대에도 상상력은 변하지 않는 핵심 자산입니다. 오히려 더 중요해지고 있죠. 인공지능은 이미 방대한 데이터와 연산 능력으로 '논리적 확장'을 수행해요. 하지만 '존재하지 않는 것을 가능하다고 가정하는 도약'은 여전히 인간의 몫입니다. AI가 그림을 그리고 소설을 쓰는 시대에도, 무엇을 그릴지, 어떤 이야기를 쓸지 결정하는 것은 인간의 상상력이에요.

여기서 중요한 것은 상상력의 윤리적 차원입니다. 상상력은 중립적인 도구가 아니라는 겁니다. 어떤 미래를 상상하느냐에 따라 현재의 선택과 행동이 달라지고, 그것이 결국 실제 미래를 만들어가는 힘이 되기 때문입니다. 디스토피아를 상상하는 사회와 유토피아를 꿈꾸는 사회는 전혀 다른 길을 걷게 되죠.

상상력은 사치가 아니라 생존 전략입니다. 미래를 대비한다는 것은 결국 아직 오지 않은 상황을 미리 그려보고 준비하는 일이에요. 기후 위기에 대한 대응도, 새로운 에너지 자원의 개발도, 모두 상상력에서 시작됩니다. 없는 것을 생각할 수 없다면, 우리는 변화에 적응하지 못하죠.

프로메테우스가 불을 가져온 뒤, 그 불을 지킨 것은 인간의 몫이었어요. 오늘날 우리는 디지털과 AI, 우주와 생명공학이라는 거대한 불씨를 받았습니다. 이 불씨를 어떻게 쓰느냐에 따라 인류의 다음 장이 달라져요. 미래를 바꾸는 것은 거창한 구호가 아니라, 새로운 가능성을 그려보는 상상에서 시작됩니다.

에브리씽 에브리웨어,
프로젝트 헤일메리, 인터스텔라

인간은 언제나 눈앞에 없는 것을 상상하며 현실의 경계를 넘어왔습니다. 기계와 인공지능이 인간을 뛰어넘는 시대에도, 여전히 미래를 열어가는 힘은 상상력에 있어요. 다음 세 편의 작품은 과학과 철학, 그리고 인간다움의 문제를 각기 다른 무대에서 보여주며, 결국 하나의 메시지로 수렴합니다.

먼저 〈에브리씽 에브리웨어 올 앳 원스Everything Everywhere All At Once〉입니다. 2022년 아카데미 작품상을 받은 이 영화는 다중우주라는 개념을 유머와 액션, 드라마로 풀어낸 독창적인 작품이에요. 멀티버스라는 복잡한 개념을 대중적으로 확산시켰다는 점에서 영화사적 의의가 큽니다.

영화는 주인공 에블린이 '버스 점프'를 통해 평행세계 속의 자신과 연결되는 이야기로 전개됩니다. 성공한 배우, 실패한 가정주부, 요리사, 심지어 손가락이 소시지인 기괴한 세계까지, 무수히 많은 가능성이 펼쳐져요. 이는 단순한 시각적 스펙터클이 아니라 실존주의적 자유의 무게를 구체적으로 형상화한 것입니다.

이 영화의 핵심 장면 중 하나는 언어와 행위가 사라진 '바위 우주'예요. 에블린과 딸은 단순한 바위로 존재하면서 자막만으로 대화를 나누죠. 그 순간 영화는 "무한한 가능성 속에서 진짜 중요한 건 무엇인가"라는 질문을 관객에게 돌려줍니다.

철학적으로 이 영화는 결정론과 자유의지, 실존적 무의미 속에서 의미를 스스로 창조해야 한다는 실존주의적 메시지를 던집니다. 그런데 파고들다 보면 서양 실존주의보다 훨씬 오래된 동양의 지혜와 마주칩니다. 멀티버스는 윤회의 현대적 언어이며, 에블린이 자신을 들여다보는 과정은 업을 직면하며 고정된 나라는 집착을 내려놓는 무아와 관련이 깊습니다. 지금 여기의 관계와 선택이 인간다움의 본질이이라는 생각과 닿아 있다고 볼 수 있죠.

다음은 앤디 위어의 소설을 원작으로 한 〈프로젝트 헤일메리 Project Hail Mary〉입니다. 이 작품은 '과학적 상상력이 위기를 돌파하는 힘'을 보여주며, 〈마션 The Martion〉의 계보를 잇는 과학 SF의 정통성을 이어갑니다.

태양이 정체 모를 미생물 '아스트로파지'에 감염되어 에너지를 잃어가자 인류는 멸망 위기에 놓입니다. 기억을 잃은 채 우주선에서 깨어난 과학자 라일런드 그레이스는 자신이 인류의 마지막 희망임을 깨닫게 되죠.

이 작품이 중요한 이유는 AI가 대부분의 분석과 계산을 대신할 수 있는 시대에도, 창의적 문제 해결과 직관적 도약은 여전히 인간의 고유 영역임을 보여주기 때문입니다. 그레이스가 복잡한 우주 생물학 문제를 해결하는 과정은 단순한 논리적 추론과 달리 상상력과 직감의 결합을 필요로 해요.

줄거리의 전환점은 외계 생명체 록키와의 만남입니다. 완전히 다른 생화학을 기반으로 살아가는 거미 형태의 존재와 인간 과학자가 마주하며, 처음엔 낯섦과 경계가 있었지만 곧 공동의 문제를 풀기 위한 협력이 시작됩니다. 언어의 장벽을 수학과 물리라는 공통 언어로 극복해가는 장면은 감동적이죠.

이 과정에서 단순한 문제 해결과 달리, 서로 다른 지성이 힘을 합쳐야만 위기를 해결할 수 있다는 교훈이 드러나요. 인간만의 노력으로는 한계가 있고, 전혀 다른 형태의 지성과 협력해야만 진정한 혁신이 가능하다는 것이죠.

〈프로젝트 헤일메리〉가 남기는 메시지는 단순한 과학적 상상력의 힘을 넘어섭니다. 인류 전체를 구할 임무보다 외계 친구 록키를 살리는 선택을 택한 결말은, 상상력이 윤리와 가치의 문제와도 맞닿아 있음을 보여줘요.

마지막으로 〈인터스텔라Interstellar〉는 상상력이 현실을 뛰어넘는 순간을 가장 드라마틱하게 보여주는 작품이라고 할 수 있겠습니다. 크리스토퍼 놀란이 연출하고 물리학자 킵 손이 과학 자문을 맡아 제작된 이 영화는 2014년 개봉 당시 블랙홀과 시공간 왜곡을 가장 사실적으로 구현한 영화로 평가받았어요.

영화의 배경은 지구가 사막화와 기후 변화로 인해 멸망해가는 근미래예요. 곡물 생산이 급감하고 모래폭풍이 일상이 된 세상에서, 인류는 새로운 행성을 찾아야만 하는 절박한 상황에 놓여 있습니다. 이는 현재 우리가 직면한 기후 위기와 직결되는 설정으로, 상상력이 단순한 판타지가 아니라 현실적 대안 모색의 도구임을 보여줍니다.

영화의 가장 인상적인 장면은 쿠퍼가 가르강튀아 블랙홀에 빨려 들어가면서 5차원 공간인 '테서랙트'에 도달하는 순간입니다. 이 공간에서 그는 시간을 하나의 물리적 차원으로 경험하게 되고, 과거의 모든 순간들이 동시에 존재하는 것을 목격해요. 여기서 쿠퍼는 중력파를 통해 과거의 딸 머피에게 메시지를 전달하며, 결국 인류를 구원하는 열쇠를 제공하게 됩니다.

이 장면이 상상력의 관점에서 중요한 이유는, 인간의 상상이 과학적 한계를 뛰어넘는 순간을 보여주기 때문이에요. 5차원 공간이라는 개념 자체는 우리가 직접 경험할 수 없는 추상적 개념이지만, 영화는 이를 구체적이고 감각적인 이미지로 구현했습니다.

이 세 작품이 공통적으로 보여주는 것은 상상력의 집단적이고 협력적 성격입니다. 에블린은 무수한 평행우주의 자신들과 소통하며 문제를 해결하고, 그레이스는 록키라는 외계 지성과 협력하며, 쿠퍼는 미래 인류의 도움을 받아 과거와 연결됩니다. 모두 개인의 고립된 상상력이 아니라 다중적이고 네트워크적인 창조 과정을 그리고 있어요.

영화는 또한 상상력이 절망적인 현실을 극복하는 핵심 동력임을 보여주죠. 지구가 멸망해가는 절망적 상황에서도 '어딘가 새로운 세계가 있을 것'이라는 상상이 없었다면 인류는 포기했을 겁니다. 쿠퍼가 딸에게 "우리는 답을 찾을 거야, 언제나 그래왔듯이"라고 말하는 장면은 상상력이 희망과 연결되는 순간을 잘 보여줍니다.

세 작품이 보여주는 풍경은 다르지만, 메시지는 하나로 모입니다. 기술이 아무리 발달하고 과학이 우주의 비밀을 풀어낸다 해도, 진정한 의미는 결국 인간이 만들어가는 겁니다. 상상하는 인간, 바로 그 존재가 여전히 미래를 비추는 빛이 된다는 사실을 이 영화들은 함께 증언하고 있어요.

앞장서는 상상, 뒤따르는 기술

　　　　역사를 되돌아보면 한 가지 명확한 패턴을 발견할 수 있습니다. 혁신적인 기술들은 과학적 발견에서 갑자기 튀어나온 것이 아니라, 오랫동안 인간이 상상해온 꿈들이 현실화된 결과라는 점이에요. 기술은 상상력이 그린 지도를 따라 발전해왔고, 그 지도는 언제나 현실보다 앞서 있었습니다.

　하늘을 나는 꿈은 이카루스 신화부터 시작해 레오나르도 다빈치의 설계도, 쥘 베른의 소설을 거쳐 라이트 형제의 비행기로 이어졌습니다. 수천 년간 축적된 상상력이 20세기 초에 드디어 기술로 구현된 거죠. 하지만 여기서 흥미로운 점은 비행기가 발명된 후 인류의 상상력이 더욱 확장되었다는 사실입니다. 우주여행, 초음속 비행, 개인용 비행 자동차flying car 같은 새로운 꿈들이 비행 기

◆ 하늘을 나는 꿈은 이카루스 신화부터 시작해 레오나르도 다 빈치의 설계도, 쥘 베른의 소설을 거쳐 라이트 형제의 비행기로 이어졌다. 수천 년간 축적된 상상력이 20세기 초에 드디어 기술로 구현된 것이다. 여기서 흥미로운 점은 비행기가 발명된 후 인류의 상상력이 더욱 확장되었다는 사실이다. 우주여행, 초음속 비행, 개인용 비행 자동차 flying car 같은 새로운 꿈들이 비행 기술의 현실화와 함께 구체화되기 시작했다.

술의 현실화와 함께 구체화되기 시작했어요.

마찬가지로 우주여행은 고대 그리스의 이야기부터 시작해 쥘 베른의 《달 세계 여행》, 허버트 조지 웰스의 《타임머신》을 거쳐 현실의 아폴로 계획으로 실현되었습니다. 그런데 아폴로 11호가 달에 착륙한 후, 인류의 우주에 대한 상상력은 완전히 다른 차원으로 도약했어요. 화성 이주, 외계 생명체와의 접촉, 웜홀을 통한 은하 간 여행 같은 더 원대한 꿈들이 과학적 근거를 바탕으로 논의되기 시작한 것이죠.

현대의 기술들도 같은 패턴을 보입니다. 〈스타 트렉〉의 커뮤니케이터가 오늘날의 스마트폰이 되었고, 〈스타워즈〉의 홀로그램이 AR 회의 시스템으로 구현되고 있어요. 〈2001 스페이스 오디세이〉의 HAL 9000은 현재의 AI 어시스턴트들의 원형이죠.

특히 흥미로운 점은 상상력의 매개체가 시대에 따라 변해왔다는 사실입니다. 고대에는 신화와 종교가, 근대에는 문학이, 현대에는 영화와 게임이 상상력의 주요 플랫폼 역할을 해왔어요. 각 매체는 그 시대의 기술적 한계 안에서 최대한 생생하게 미래를 그려냈고, 그 그림들이 후속 세대의 기술 개발에 영감을 준 거죠.

하지만 현재는 상상력과 기술의 관계가 과거와 다른 양상을 보입니다. 과거에는 상상에서 현실화까지 수십 년, 때로는 수백 년이 걸렸지만, 이제는 그 간격이 급격히 줄어들고 있습니다. 생성형 AI, 디지털트윈, 시뮬레이션 기술 등이 상상을 즉시 시각화하고 검증할 수 있게 만들었기 때문이에요.

예를 들어, 10년 전만 해도 새로운 제품 아이디어를 구현하려면 수개월간의 설계와 프로토타입 제작이 필요했어요. 하지만 이제는 AI 기반 설계 도구로 몇 시간 안에 3D 모델과 성능 시뮬레이션까지 완성할 수 있습니다. 상상에서 구현까지의 속도가 비약적으로 빨라진 거죠.

이런 변화는 '상상 기반 설계 AI'라는 새로운 패러다임을 만들어내고 있습니다. 인간이 구체적인 스펙 대신 추상적인 비전을 설명하면, AI가 이를 직접 설계안으로 변환해주는 기술이에요. "날아다니면서 물건을 배송하는 장치"라고 말하면, AI가 드론의 여러 설계안을 제시하고 각각의 장단점을 분석해주는 식이죠.

더 나아가 인간과 AI가 동등한 창작자로 협업하는 '공동 창작 생태계'가 형성되고 있습니다. AI는 인간이 생각하지 못한 새로운 연결과 패턴을 제시하고, 인간은 그중에서 의미 있는 것을 선별하고 발전시켜요. 이 과정에서 '누가 아이디어를 먼저 냈는지'보다, 어떤 새로운 조합이 나왔는지가 더 중요해집니다.

하지만 여기서 주의해야 할 점이 있습니다. 기술이 아무리 발전해도 원천은 상상력이라는 사실을 잊어서는 안 됩니다. 기술은 상상력이 만든 가능성의 지도 위에서 길을 찾습니다. 지도 없이 길이 있을 수 없듯이, 상상력 없이 혁신은 나올 수 없어요.

AI가 기존 데이터를 재조합해서 새로운 결과물을 만들어낼 수는 있지만, 완전히 새로운 방향을 제시하는 것은 여전히 인간의 상상력에 의존합니다. 논리적 추론이나 데이터 분석은 AI가 인간을 능가할 수 있지만, '존재하지 않는 것을 존재한다고 가정하고 그것을 향해 나아가는' 상상력은 여전히 인간만의 영역이에요. 더 중요한 것은 그 상상에 윤리적 가치와 감정적 의미를 부여하는 능력입니다.

역사를 보면 상상력이 사라진 사회는 곧 정체됩니다. 창조와 혁신은 한 번 굳어진 틀을 깨야만 생겨나죠. 기술이 아무리 발전해도, 그것이 상상력을 잃으면 결국 반복과 모방에 머무를 수밖에 없습니다.

미래의 경쟁은 기술력의 경쟁이 아니라 상상력의 경쟁이 될 것입니다. 같은 기술을 가져도 어떤 상상을 먼저 현실화하느냐에 따라 결과가 완전히 달라지기 때문이에요. 기술은 상상력이 그린 지도를 따라가고, 그 지도는 인간만이 그릴 수 있습니다.

상상력과 철학이 만나는 곳

상상력이 확장될수록 철학의 고전적 질문들이 더욱 절실해집니다. '현실 너머를 상상하는 것은 가능하지만, 그 상상은 진짜 사유의 산물일까?' 이 질문은 단순한 철학적 호기심이 아니에요. AI가 창작하고, 다중우주가 과학적 가설로 논의되며, 가상현실이 일상이 되는 시대에 우리가 반드시 답해야 할 실존적 문제입니다.

전통적으로 인간은 이성적 동물로 정의되었습니다. 하지만 AI가 논리적 사고에서 인간을 능가하기 시작했고, 자유의지마저 알고리즘으로 예측 가능해 보이거든요. 그렇다면 인간의 존재론적 고유성은 어디에 있을까요?

바로 여기서 감각, 감정, 그리고 도덕적 감수성의 중요성이 대두됩니다. 기계 몸에서도 아들에 대한 기억과 사랑을 회복해가는 과정, 단순한 로봇에서 감정을 느끼는 존재로 진화하는 여정은 모두 이런 맥락에서 해석할 수 있어요.

포스트휴머니즘은 인간과 기계, 자연과 인공의 경계를 해체합니다. 인간을 유일한 행위 주체로 보는 대신, AI, 동물, 환경, 심지어 데이터까지도 나름의 행위성을 가진 존재로 인정합니다. 이런 맥락에서 상상력은 단순히 인간만의 능력이 아니라, 다양한 주체들이 공유할 수 있는 창조적 역량으로 재해석되어야 한다는 거죠.

전통적 인식론은 경험론과 합리론으로 나뉘어 있었습니다. 경험론자들은 모든 지식이 감각 경험에서 나온다고 주장했고, 합리론자들은 이성을 통한 선천적 인식의 가능성을 강조했어요. 하지만 디지털 시대에는 이런 구분이 복잡해집니다. 가상현실 속의 경험도 '진짜' 경험인가? AI가 데이터를 통해 얻은 '지식'은 진정한 인식인가?

상상력의 인식론적 지위는 더욱 복잡합니다. 상상은 현실에 대한 인식인가, 아니면 현실을 넘어서는 창조인가? 〈에브리씽 에브리웨어 올 앳 원스〉의 에블린이 다중우주를 경험하는 것은 새로운 세계를 '발견'하는 것인지, 아니면 '창조'하는 것인지 구분하기 어려워집니다.

실재론은 우리가 인식하는 것 너머에 있는 객관적 실재에 대해 탐구하는 영역입니다. 디지털 시대에 이 질문은 더욱 중요해졌어요. 데이터로 구성된 세계와 물리적 세계 중 어느 쪽이 더 '진짜'인가요? 시뮬레이션이 현실과 구별되지 않을 때, 그 구별이 여전히 의미가 있을까요?

하지만 여기서 중요한 것은 실재의 '존재' 여부가 아니라 그것이 우리에게 미치는 '영향'일 수 있습니다. 가상현실 속의 경험이 우리의 감정과 행동에 실제적 영향을 미친다면, 그것의 실재성을 부정할 수 있을까요?

이성적 사고마저 기계가 더 잘하게 되면서, 인간만의 고유 영역을 감각, 감정, 도덕적 감수성에서 찾아야 하게 되었습니다. 이는 철학사의 흐름에서 보면 놀라운 반전입니다. 고대 그리스부터 근대까지 철학은 감정과 감각을 이성보다 낮은 단계로 여겼어요. 하지만 AI 시대에는 오히려 감정과 감각, 그리고 윤리적 판단이 인간의 핵심 역량이 되고 있습니다.

상상력은 바로 이 지점에서 새로운 의미를 갖습니다. 상상력은 단순한 인지 능력이 아니라 감정, 윤리, 미적 감수성이 통합된 전인적 활동이에요. AI가 논리적 추론에서는 인간을 능가할 수 있지만, 감정이 담긴 상상력, 윤리적 책임감이 있는 상상력, 타자에 대한 공감이 바탕이 된 상상력은 여전히 인간의 고유 영역입니다.

◆ 실재론은 우리가 인식하는 것 너머에 있는 객관적 실재에 대해 탐구하는 영역이다. 디지털 시대에 이 질문은 더욱 중요해졌다. 데이터로 구성된 세계와 물리적 세계 중 어느 쪽이 더 '진짜'인가? 시뮬레이션이 현실과 구별되지 않을 때, 그 구별이 여전히 의미가 있을까? 하지만 여기서 중요한 것은 실재의 '존재' 여부가 아니라 그것이 우리에게 미치는 '영향'일 수 있다. 가상현실 속의 경험이 우리의 감정과 행동에 실제적 영향을 미친다면, 과연 우리는 그것의 실재성을 부정할 수 있을까?

상상력의 경계가
사라진 세상

현실과 가상의 경계, 과학과 예술의 경계, 인간과 기계의 경계가 흐려지는 순간, 상상력은 가장 강력해집니다. 하지만 동시에 가장 위험해지기도 하고요. 무엇이 진짜이고 무엇이 허상인지, 무엇이 가능하고 무엇이 불가능한지 판단하기 어려워지기 때문입니다.

다중우주 개념이 과학 논문에서 넘어와 정책 토론과 일상 대화에 등장한다고 상상해봅시다. 이 아이디어는 곧 '만약 무수히 많은 우주가 있고, 그 우주마다 다른 내가 존재한다면, 현재 내가 내리는 선택은 얼마나 중요한가?'라는 정치적, 윤리적 질문으로 확장됩니다. 불교는 이 질문을 이미 오래전에 다른 언어로 던졌습니다. 끝없는 반복되는 삶의 굴레 속에서 자신의 업을 직면하는 윤회, 분별함 없이 집착하지 않는 무상과 무아가 그것이죠.

하지만 여기서 재미있는 것은 〈에브리씽 에브리웨어 올 앳 원스〉가 보여준 통찰입니다. 에블린이 무수한 평행우주를 경험한 후에도 결국 현재의 삶을 선택하는 것처럼, 가능성의 무한함이 아니라 그 속에서 의미를 찾는 능력이 진정한 인간다움의 핵심이에요. 모든 경계가 해체된 상황에서도 여전히 선택하고 책임지는 주체로서의 인간이 남아있는 겁니다.

기술 발전은 이런 '다중 가능성' 사고를 더욱 현실적으로 만듭니다. AI 기반 시뮬레이션은 특정 결정이 초래할 수 있는 여러 시나리오를 생생한 영상과 수치로 제시합니다. 환경 정책 하나를 바꾸면 10년, 50년 후의 사회가 어떻게 변할지, 전쟁 발발 확률과 평화 유지 가능성이 각각 얼마인지 구체적으로 보여주죠.

하지만 선택이 너무 많아지면 오히려 아무것도 선택하지 못하는 상황이 벌어질 수 있어요. 실제로 기업 경영 현장에서 AI 예측 보고서를 지나치게 신뢰한 나머지 의사결정이 지연되어 시장 기회를 놓친 사례들이 나타나고 있습니다.

이 지점에서 철학이 필요합니다. 실존주의는 무수한 가능성 속에서도 '지금 여기'의 결정을 내리는 행위를 인간 존재의 핵심으로 봅니다. 상상력이 아무리 넓어져도, 그중 무엇을 선택할지는 결국 책임과 용기의 문제라는 거죠.

하지만 이성적 판단조차 AI가 더 잘하게 된 상황에서, 인간의 선택은 과연 합리적 근거를 가질 수 있을까요? 이때 중요해지는 것이 바로 감정과 윤리적 감수성입니다. 머리로는 계산할 수 없지만 가슴으로 느끼는 직관, 논리를 넘어서는 도덕적 판단이 인간다운 선택의 근거가 되는 거죠.

〈인터스텔라〉의 쿠퍼가 과학적 계산보다 딸에 대한 사랑을 선택하는 순간, 〈프로젝트 헤일메리〉의 그레이스가 인류 전체보다 친구 록키를 위한 선택을 하는 순간이 바로 그런 인간적 선택의 전형입니다. 이는 비합리적 선택이 아니라 합리성을 넘어서는 더 깊은 인간적 가치에 기반한 선택이에요.

결국 상상력의 경계가 사라진 시대에 우리는 새로운 형태의 선택 방식을 배워야 합니다. 그것은 한 가지 '정답'을 찾는 것이 아니라, 수많은 가능성 중에서 '우리가 살아가고 싶은 방향'을 선택하는 일이에요. 그 선택은 데이터와 기술이 제공하는 예측보다는, 우리가 어떤 존재가 되고 싶은지에 대한 상상에서 출발해야 합니다.

상상하는 인간의 미래

　　미래 사회에서 살아남고 번영하는 개인과 조직의 차이는 기술력이나 자본력보다 상상력의 훈련 정도에서 결정될 것입니다. 기술은 이제 오픈소스와 클라우드 서비스를 통해 누구나 접근할 수 있고, 자본은 크라우드펀딩과 벤처캐피털을 통해 전 세계적으로 흐르고 있어요. 하지만 상상력은 여전히 개인과 조직마다 큰 격차를 보입니다.

　　당신은 상상을 어떻게 현실로 연결하고 있나요? 개인에게 가장 중요한 것은 상상을 체계적으로 구조화하고 현실과 연결하는 능력입니다. 단순히 '생각을 많이 하는 능력'과는 달라요. 새로운 서비스 아이디어를 떠올렸다면 그것이 '어떤 사회적 문제를 해결하는지', '어떤 기술로 구현 가능한지', '시장에서 어떻게 받아들여질지'까지 동시에 구상해야 합니다.

불확실성을 불안의 원인이 아니라 새로운 가능성이 숨어 있는 보물창고로 보는 시각도 필요합니다. 실패를 '종결'이 아니라 '진행 중인 학습'으로 보는 관점이 상상력을 현실로 연결하는 핵심이에요.

한 분야나 직업에만 매몰되면 상상력의 폭이 급격히 줄어듭니다. 의도적으로 자신과 다른 배경의 사람들과 교류하고, 낯선 분야의 책을 읽으며, 평소와 다른 환경에서 시간을 보내는 것이 상상의 질을 높여줍니다.

기업은 혁신의 패러다임이 근본적으로 바뀌는 시점에 서 있나요? 생성형 AI가 대화형 인터페이스를 통해 다양한 창작물과 솔루션을 직접 생성할 수 있게 되었어요. 더 나아가 AI는 말만 하던 단계를 넘어 실제로 행위를 자율적으로 수행해서 기존의 프로세스 자동화를 자율화 수준으로 격상시키고 있습니다.

디지털 혁신 기반 위에 AI의 특성을 활용해서 다양한 시나리오를 시뮬레이션할 수 있게 된 거예요. 복잡한 상황을 미리 시각화하고 실험해볼 수 있게 되면서, 인간의 상상력은 더욱 정교하고 현실적으로 발전할 수 있게 되었습니다.

혼자 상상하는 것보다 서로 다른 배경을 가진 사람들과 아이디어를 교환할 때 진정한 혁신이 일어나요. 이때 중요한 것은 성급한 '합의'보다 '다양성 유지'입니다.

♦ 당신은 상상을 어떻게 현실로 연결하고 있는가? 개인에게 가장 중요
한 것은 상상을 체계적으로 구조화하고 현실과 연결하는 능력이다.
단순히 '생각을 많이 하는 능력'과는 다르다. 새로운 서비스 아이디어
를 떠올렸다면 그것이 '어떤 사회적 문제를 해결하는지', '어떤 기술로
구현 가능한지', '시장에서 어떻게 받아들여질지'까지 동시에 구상해
야 한다. 불확실성을 불안의 원인이 아니라 새로운 가능성이 숨어 있
는 보물창고로 보는 시각도 필요하다.

정부와 사회는 어떤 미래를 상상하고 있나요? 기술과 효율성만 추구하는 상상이 아니라 윤리적 성찰이 담긴 상상력을 키워야 합니다. 상상하는 미래가 어떤 인간상을 전제로 하는지, 어떤 관계와 문화를 만들어내는지에 대한 고민이 필요해요.

완전 자동화된 사회를 상상할 때 인간의 일의 의미는 무엇인지, 효율성 극대화가 인간의 존엄성과 어떻게 균형을 이룰 수 있는지 함께 고민해야 합니다.

아무리 훌륭한 상상도 현실로 옮겨지지 않으면 의미가 없습니다. 빅데이터와 AI를 활용한 시뮬레이션이 핵심 도구가 되고 있어요. 다양한 상황을 미리 시뮬레이션해보고, 그 결과를 바탕으로 상상을 구체화하고 검증하는 거죠.

이 모든 전략의 공통점은 '훈련 가능성'입니다. 상상력은 타고난 재능만이 아니라 의도적이고 반복적인 훈련을 통해 강화할 수 있는 역량이에요. 글쓰기, 스케치, 역할 놀이, 시뮬레이션 게임, 브레인스토밍 등 다양한 방법을 활용해 상상 근육을 지속적으로 단련해야 합니다.

미래 사회에서 살아남는 사람은 현실을 정확히 읽으면서도 그 위에 새로운 가능성을 설계할 수 있는 사람입니다. 기술이 발전할수록 정보 처리와 단순 업무는 AI가 대신하게 되지만, 의미를 창조하고 방향을 설정하는 일은 여전히 인간의 상상력에 의존할 것입니다.

결국 미래는 더 이상 '기술을 가진 자'의 것이 아니라 '상상을 현실로 설계하는 자'의 것이에요. 상상은 꿈에서 시작되지만, 혁신은 그 꿈을 구체적인 실행 계획으로 바꾼 순간부터 현실이 됩니다.

사고실험의 무한대, 그리고 인간다움의 미래

융합의 시도, 새로운 지도

이 책은 처음부터 하나의 실험이었습니다. 지금까지 기술서와 철학서, 영화 평론서는 각각 다른 서가에 진열되어 왔어요. 기술자들은 '어떻게'에 매몰되고, 철학자들은 '왜'에 천착하며, 영화 평론가들은 '무엇을'에 집중해왔죠. 하지만 SF 영화 속에는 이 세 가지가 모두 녹아 있습니다. 미래 기술에 대한 상상, 그것이 인간에게 미칠 철학적 충격, 그리고 사회적 변화의 모습까지.

분절된 지식의 경계를 허물고, 일반 독자들도 쉽게 접근할 수 있는 통합적 관점을 제시하려고 했어요. 뉴럴링크의 뇌-컴퓨터 인터페이스를 이야기할 때 데카르트의 심신이원론을, 테슬라 옵티머스 로봇을 논할 때 튜링의 모방게임을, 메타버스를 다룰 때 플라톤의 동굴비유를 함께 불러온 이유입니다. 기술은 철학 없이는 방향을 잃고, 철학은 기술 없이는 현실성을 잃으니까요.

네 번째 전환의 한복판에서

우리는 지금 인류 역사상 네 번째 존재론적 전환의 한복판에 서 있습니다. 코페르니쿠스가 지구를 우주의 중심에서 밀어냈고, 다윈이 인간을 신의 특별한 피조물에서 내려놓았으며, 프로이트가 의식의 절대성을 무너뜨렸다면, 이제 AI는 인간의 인지적 독점성마저 흔들고 있어요.

이번 전환이 특히 충격적인 이유는 이전의 전환들이 인간의 외적 조건이나 기원에 대한 것이었다면, 이번에는 인간 존재의 핵심인 의식과 사고 자체가 도전받고 있기 때문입니다. 기계가 인간보다 더 정확하게 예측하고, 더 창의적으로 생각하며, 더 공감적으로 반응할 때, 우리는 인간다움을 어디에서 찾아야 할까요?

흥미롭게도 네 번째 전환은 철학을 다시 전면으로 불러내고 있습니다. 과학이 자연철학에서 독립한 이후 철학의 영역은 점점 축소되어 왔어요. 하지만 AI 시대는 다릅니다. 기계가 인간의 인지 능력을 뛰어넘기 시작하면서, 다시 근본적인 질문들이 터져 나오고 있어요. 존재론적으로는 인간과 기계의 경계가, 인식론적으로는 진짜와 가짜의 구분이, 실재론적으로는 물리적 현실과 디지털 현실의 관계가 새롭게 정의되어야 합니다.

전통적으로 철학사는 인식론에서 합리론과 경험론의 대립, 존재론과 실재론에서 일원론과 이원론의 대립으로 설명되어 왔어요. 데카르트의 합리론이 이성의 힘을 강조했다면, 흄의 경험론은 감각 경험의 중요성을 역설했죠. 스피노자의 일원론이 모든 것을 하나의 실체로 보았다면, 데카르트의 이원론은 정신과 물질을 구분했습니다.

그런데 AI 시대에는 이런 전통적 구분이 새롭게 재편되고 있어요. 기계가 인간보다 뛰어난 합리적 사고를 보여주면서, 오히려 감정과 직관, 경험과 맥락이 인간다움의 핵심으로 부상하고 있습니다. 이성적 인간(호모 라티오)에서 경험적 인간, 감정적 인간으로 패러다임이 이동하고 있는 거예요. 도덕적 판단, 미적 감수성, 공감 능력이 새로운 인간다움의 지표가 되고 있습니다.

그리고 이 모든 변화를 미리 예견하고 탐구해온 것이 바로 SF 영화였습니다. 우리가 지금 손에 쥐고 있는 스마트폰은 〈2001: 스페이스 오디세이〉의 HAL 9000이, 챗GPT 같은 AI 어시스턴트는 〈그녀〉의 사만다가, 메타버스는 〈레디 플레이어 원〉의 오아시스가 예견했던 것들이에요. 테슬라의 자율주행차는 〈토탈 리콜〉의 자율 택시를, 아마존의 물류 로봇들은 〈월-E〉의 자동화 시스템을, 중국의 안면인식 감시망은 〈마이너리티 리포트〉의 예측 경찰을 현실화한 것들입니다.

SF 영화는 단순한 오락물이 아니라 인류의 집단 지성이 만들어낸 사고실험이었어요. 가능한 미래들을 상상하고, 그 결과를 미리 경험해보며, 우리가 어떤 선택을 해야 할지 고민하게 하는 철학적 도구였던 거죠.

감사의 마음

이 책을 쓰는 동안 수많은 밤을 지새우며 고민했던 질문들이 있었습니다. 과연 이런 융합적 접근이 독자들에게 의미가 있을까? 너무 복잡하거나 추상적이지는 않을까?

하지만 사랑하는 아내 혜민이가 "당신이 하고 싶은 이야기를 해보라"고 격려해주었고, 아들 재규와 딸 재희가 "아빠는 어려운 책 쓰는 사람"이라며 자랑스러워하는 모습을 보며 용기를 얻었어요.

어머니께서는 늦은 시간까지 원고를 다듬는 모습을 보시며 걱정과 응원을 동시에 해주셨고, 하늘에 계신 아버지께서는 분명 이런 시도를 반기실 거라 믿습니다. 장인어른과 장모님께서도 사위의 무모한 도전을 묵묵히 지켜봐 주셨어요. 이 모든 분들의 사랑과 지지 없이는 이 책이 나올 수 없었을 겁니다.

더 나은 질문을 위하여

결국 이 책의 목적은 정답을 제시하는 것이 아니었습니다. 더 좋은 질문을 발견하는 것이었어요. 철학 사상의 세밀한 디테일이나 기술 구현의 복잡한 원리보다는, 큰 흐름을 읽고 본질적 질문을 던질 수 있는 능력을 기르는 것이 중요했습니다.

'AI가 인간보다 똑똑해진다면 인간의 존재 의미는?', '가상현실이 현실과 구분되지 않는다면 진짜란 무엇인가?', '모든 일을 기계가 대신한다면 인간은 무엇을 해야 하는가?' 이런 질문들 앞에서 우리는 모두 철학자가 되어야 합니다. 전문 철학자가 아니라 삶의 의미를 고민하는 평범한 철학자로서 말이에요.

앞으로도 새로운 기술들이 등장할 때마다 새로운 철학적 질문들이 터져 나올 것입니다. 양자컴퓨팅은 결정론에 대한 우리의 이해를, 생명공학은 자연과 인공의 경계를, 우주 개발은 지구 중심적 사고를 흔들어놓을 거예요. 그때마다 우리는 SF 영화들 속에서 미리 경험해본 사고실험들을 떠올리며, 현명한 선택을 위한 나침반으로 삼을 수 있을 것입니다.

미래는 이미 정해진 운명이 아닙니다. 우리가 지금 어떤 질문을 하고, 어떤 상상을 하며, 어떤 선택을 하느냐에 달려 있어요. 그리고 그 여정에서 SF 영화들은 여전히 우리의 가장 소중한 동반자가 될 것입니다. 상상력이라는 인간만의 고유한 능력으로 더 나은 미래를 그려나가는 여정에서 말이죠.

AI 프로메테우스

미래가 현실이 된 지금 우리는?

초판 1쇄 2026년 4월 7일

지은이 장우경
펴낸이 허연
편집장 유승현

책임편집 정혜재
편집 김민보 고병찬 이예슬 장현송 민경연
마케팅 한동우 박소라 김영관
경영지원 김정희 오나리
디자인 푸른나무

펴낸곳 매경출판㈜
등 록 2003년 4월 24일(No. 2-3759)
주 소 (04557) 서울시 중구 충무로 2 (필동1가) 매일경제 별관 2층 매경출판㈜
홈페이지 www.mkbook.co.kr **스마트스토어** smartstore.naver.com/mkpublish
페이스북 @maekyungpublishing **인스타그램** @mkpublishing
전 화 02)2000-2641(기획편집) 02)2000-2646(마케팅) 02)2000-2606(구입 문의)
팩 스 02)2000-2609 **이메일** publish@mk.co.kr
인쇄·제본 ㈜ M-print 031)8071-0961
ISBN 979-11-6484-876-8(03320)